教育学系列丛书

U0500437

学校仪式空间规训研究

XUEXIAO YISHI KONGJIAN GUIXUN YANJIU

王敬杰 著

知识产权出版社
全国百佳图书出版单位
—北京—

图书在版编目（CIP）数据

学校仪式空间规训研究／王敬杰著. —北京：知识产权出版社，2024.6
ISBN 978 – 7 – 5130 – 9103 – 9

Ⅰ.①学… Ⅱ.①王… Ⅲ.①教育社会学—研究 Ⅳ.①G40 – 052

中国国家版本馆 CIP 数据核字（2023）第 240643 号

责任编辑：贺小霞 责任校对：潘凤越
封面设计：刘 伟 责任印制：孙婷婷

学校仪式空间规训研究

王敬杰 著

出版发行：	知识产权出版社 有限责任公司	网 址：	http：//www. ipph. cn
社 址：	北京市海淀区气象路 50 号院	邮 编：	100081
责编电话：	010 – 82000860 转 8129	责编邮箱：	2006HeXiaoXia@ sina. com
发行电话：	010 – 82000860 转 8101/8102	发行传真：	010 – 82000893/82005070/82000270
印 刷：	北京建宏印刷有限公司	经 销：	新华书店、各大网上书店及相关专业书店
开 本：	787mm×1092mm 1/16	印 张：	14.25
版 次：	2024 年 6 月第 1 版	印 次：	2024 年 6 月第 1 次印刷
字 数：	220 千字	定 价：	78.00 元
ISBN 978 – 7 – 5130 – 9103 – 9			

出版权专有 侵权必究
如有印装质量问题，本社负责调换。

序　言

空间是一个让人充满想象的概念。万事万物都是存在于一定空间之中的，并且是依赖于空间而发展的，尤其是对处于生长时期的事物而言。中小学生正处在生长发育重要时期，因此，对于他们的成长与发展而言，需要给予其更多、更加广阔的空间。

从社会学角度分析，一个人的成长与发展过程就是一个不断地被社会化的过程。一个人在社会化过程中，不仅会接受社会制度、社会习俗的制约，而且会受到人际交往规则的影响。客观而言，一个人只有掌握了社会制度、社会习俗以及人际交往规则以后，才有可能更好地融入社会，才能够在复杂的社会关系网络中更好地寻找到自己发展的机会与平台。在一个人的一生中，存在着三个接受社会化的场所——家庭、学校与社会。学校作为一个人接受社会化的重要场所之一，其对学生所产生的社会化影响与家庭和社会存在着很大的不同。家庭对一个人社会化的影响多限于家庭内部的关系范畴，且带有很强的经验化与无意识特征。社会对一个人社会化的影响多是无意识的，且有一定的盲目性。而学校对一个人社会化所产生的影响则是有目的、有计划的，且多为积极与正向的。

学校对学生的社会化主要是通过制度、礼仪的建构与实施以及风气的打造来实现的。仪式是学生在学校接受社会化的重要途径，中小学生社会性的形成很多都是通过礼仪活动的开展来完成的。仪式对于中小学生发展而言不仅具有象征意义，而且还有规训的意义，其目的就是让中

1

小学生在头脑与心目中能够形成对某种规则的认同和正确的社会认知。仪式的象征意义并非局限于中小学生这一群体，可能还会涉及教师、干部、家长以及社会公众，等等。因此，不同的仪式在不同群体中所产生的象征意义是不同的。此外，同一仪式对于不同群体而言，其所产生的象征意义也有所不同。象征意义既可能是有意识强加而形成的，也可能是自发性形成的。而与象征意义不同，规训意义在仪式中皆是有意识强加而形成的。

学校中开展的诸多仪式皆是以让学生形成某种观念以及品行为目的的，即便一些仪式不是直接针对学生而开展的，但其所产生的影响最终也可能会通过学生身心变化而体现出来。在学校与其他组织内部，仪式的影响随时都可能发生，但很多仪式所产生的影响往往并没有被人们所认知与感受到。一般情况下，能被人们所认知与感受到的仪式皆是那些参与人员众多或产生重大影响的仪式。与其他教育活动不同，仪式这种教育活动具有很强的正式性、程序性与规范性。通常而言，一种仪式愈是重大，那么，其所具有的正式性、程序性与规范性也就愈强。

目前，仪式教育活动在中小学教育教学及管理过程中较为常见和普遍，类型多样，内容丰富，形式新颖，但在一定程度上存在着形式化问题，育人效果还有较大提升空间。因此，中小学仪式教育是一个需要学术界关注与研究的重要问题。国内关于中小学仪式问题的研究与关注并不是很多，已开展的一些研究也不够系统与深入。即将出版的《学校仪式空间规训研究》，从空间社会学的角度对学校仪式空间问题进行了系统、深入的探讨，书中得出的诸多结论对于今后中小学更好地开展仪式教育具有一定的指导意义与价值。

本书作者在一所高中长期从事教育教学与管理工作，对中学开展的仪式教育有非常深入的了解和体验。2015 年作者跟从我攻读教育领导与管理专业博士学位，选择了"学校仪式空间规训研究"作为他的博士学位论文题目，顺利地完成了论文写作，通过了论文答辩。本书是在他博士论文基

础上修改完成的。我作为作者的指导教师非常高兴地看到他的博士论文能
够正式出版，更是非常高兴地为本书作序。

苏君阳❶

2023 年 10 月 31 日于闻一书斋

---

❶ 苏君阳，北京师范大学教授、博士生导师。现任北京师范大学教育管理学院院长、北京
师范大学教育督导研究中心主任、北京师范大学教育学部教育家书院副院长。

前　言

　　仪式作为一种人为的和为人的程序化活动和情感性表达，成为当下学校教育现场中的常态主题、表达范式和文化事实，对学校场域中的人产生着深刻影响。学校仪式空间作为一种社会性产品，是物质和意义的结合体，时时刻刻都在进行着自身的生产和产出。从"理想与现实""理论与实践"和"审视与反思"相结合的视角，追寻"人之为人""成为我自己"的教育本质，探求"育人化人善人"的教育路径，实现对学校仪式空间规训教育本真的回归。这既是一种合理期待，也是对学校教育价值异化之后的一种认知觉醒、理性反思和能动表达。

　　学校仪式空间存在于人们的直接经验之中，每个人都会用一生中较长的时间进入其中观察它和感知它。学校仪式空间一直在场，对学校场域中的个体产生着深刻影响。此刻，我们不禁要问：学校仪式空间究竟通过什么力量对学生产生影响？在这样的空间境域中，学校究竟要教会学生什么？学校教育究竟要引导和帮助学生过什么样的生活？因此，学校仪式空间及其境域中的种种活动场景不断促使我们去审视、体察和反思我们的教育现场，去思考和揭示现象背后的"真实景象"。教育思想家迈克尔·W.阿普尔认为，"如果一种教育不具有个人和社会解放的性质，那么，它就根本算不上一种真正的教育"。❶ 至此，我们有必要对学校仪式空间进行理性考察，深度思考学校仪式空间与权力、关系、秩序、规制和改造等之间

---

❶ 迈克尔·W.阿普尔. 教育能够改变社会吗？[M]. 王点魁，译. 上海：华东师范大学出版社，2014：103.

1

存在着怎样的隐性关联。

学校仪式空间不再以作为社会空间的学校为基础，而是从学校仪式空间规训所指和能指出发，向它被引申出来的镜像或意涵发展，由此推动学校仪式空间规训的思想认知从直接经验向间接经验、从浅层表象向深层指征的嵌入性转型。此在的学校仪式空间不再是一个"实体"，不再是单纯的人类社会现代性的产品或产物，也不仅仅是一个场所、一个媒质、一个环境，而是一个由权力、关系、秩序、规则和改造等构成的密不透风、层级分明、细致入微的嵌入式操控体系，对其中的个体产生着持续不断的规训、约制、改造和生产等作用。在此语境下，学校仪式空间规训既是工具又是目标，既是手段又是目的。

学校仪式空间是人为的，也是为人的。学校仪式空间为个体提供了规训在场，同时具有能动性的个体也为学校仪式空间限定了规训技术手段和改造对象类属。学校仪式空间的构成和运作取决于所处社会互动情境中的个体及其关系网络。学校仪式空间自身的生产性及深处其中的个体在权力关系网络中的互动构成了学校仪式空间规训的社会行动和日常呈现。

因此，探索学校仪式空间规训，揭开它身上的神秘面纱，释明"学校仪式空间是什么""学校仪式空间规训为何和何为""学校仪式空间规训境域中的学生'我是谁'和'如何成为我自己'"等根本性问题的研究势必会成为一次意义非凡、魅力无限的学术探寻之旅。

综上，本研究以"学校仪式空间规训"作为一个重构的偏正复合体，通过对普通高中学校教育中的常态性仪式活动和典型性仪式事件进行社会学、文化学和现象学的现场考察和解释，揭示和呈现学校仪式空间中规训化、秩序化、结构化的人的生存状态和生活境遇，寻求和重构民主、开放、自由和平等的"人之为人""成为我自己"的学校育人空间。这些价值取向和理论主张是本研究的主题，也是推动本研究的根本旨趣。本研究的篇章逻辑与所描述、阐释和主张的"学校仪式空间的规训化生产"意涵互为表里，其中"学校仪式空间的生产"是关键，也是研究的逻辑主轴线。马克思曾在"空间生产"方面提出了几个深层次疑问：（1）谁在生产?（2）为什么要生产?（3）如何进行生产?（4）生产了什么?事实上，马克思这样的疑问对本研究所关涉的"学校仪式空间规训问题"依然适用。因为，从某种角度来看，本研究的三个研究问题实则是对马克思"空间生产性"疑问的进一步回应和深化。本研究的第一个研究问题（存在样态）、第三个研究问题（对教育利益相关者影响）与"生产了什么"相对应，第二个研究问题（如何形成）与"谁在生产（操控者）、为什么要生产（原因）和如何进行生产（机制、策略或手段）"相对应。而本研究的第三个研究问题中的积极性影响层维，则是从实践逻辑层面对学校仪式空间规训问题进行积极引导和转化，寻求解决问题的实操路径。由此看来，对"学校仪式空间规训"这一社会性空间产品进行全面认识、科学解构和理性重构，尤其是对学校仪式空间规训生产过程的解释和分析，是本研究必须面对和完成的任务。

　　基于这样的逻辑结构和研究理路，本书的篇章逻辑具体如下。第一章"绪论"，主要对研究背景、研究目的和意义、文献综述、概念界定、研究方法与伦理规范等内容进行阐释。第二章"学校仪式空间规训的样态形塑"，主要回答"生产了什么"的问题，对身体的镜像，学校仪式空间规训的日常性呈现（类型、特征、策略、手段和结果）、日常生活体验和日常性表达等内容进行阐释，进而对学校仪式空间规训是什么进行理解性解释。第三章"学校仪式空间规训的成因解析"，主要回答了"谁在生产、为什么生产以及如何生产"的问题，也就是谁在拥有并操纵着学校仪式空间规训的生产。第四章"学校仪式空间规训中人的能动抗拒"，集中围绕"人的能动性抗拒实质、表达和形态"进行分析和表述，主要回答了学校仪式空间规训境域中人的能动性行为表现、行为形态类型划分、不同利益相关者行为差异性等问题。第五章"学校仪式空间规训善的追问和人性回归"，立足学校仪式空间规训实践现实，进一步追寻教育本质和探求转化路径，进而正视学校仪式空间规训的价值和功能，完成对学校仪式空间规训的引领转换和善性回归，并对对话式教育相关策略进行积极建构。第六章"学校仪式空间的真实与意象"，则是对整个研究进行审视、总结、反思和追问，正视结论的同时，查找不足和局限。学校仪式空间要从乌托邦到异托邦，从幻想走向真实，再从真实完成超越。对上述问题的有效解答和积极回应，既是对学校仪式空间规训生产过程的完整展示，也是本研究所遵循的内在逻辑结构。

目　录

第一章　绪　论

每一种原初地给予的直观是认识的正当的源泉。

——（德）胡塞尔

第一节　研究背景及目的意义

一、研究背景

（一）时代特征："空间崛起"与"仪式泛化"并置

在人类社会历史的漫长发展中，"时空"被习惯视为一种根本存在方式和基本生产要素进行考量和解构，"时空观"也就成为人们认识、揭示和解释事物本原和问题实质的一种非常重要的思考向度和关键手段。21 世纪的中国，面向未来，立足现实，全球制造业的聚集和转型、信息化技术的提升和推广、工业化社会的加速和深入、城镇化进程的时空压缩和异化分层等，这些存在于时空视域中社会结构的矛盾和冲突，充分宣示着"空间崛起"时代的到来和聚化。在当下中国，正如法国社会学家米歇尔·福柯（Michel Foucault）所提到的那样，这是一个空间崛起的时代。当前，我国正面临并竭力解决的经济体制、文化层次和社会分层等矛盾和冲突，实质上就是空间生产和社会行动的不协调所致。事实上，当今社会发展和转型过程中所出现的种种矛盾或冲突，直接或间接的都与空间形态有关联，"它们无一例外地都把人的思维导向空间"❶。换句话说，空间问题已经成为当下各种问题和矛盾的焦点。

当我们正视和解读时空观念时，任何一位研究者如果抛弃和忽视了"仪式泛化"这一思维向度，那么这个时代和社会就有可能与他绝缘或分道扬镳。仪式，以其独特的表现形式和作用逐渐走入了社会领域和人类生活的各个角落。在时空一体化的境域中，"仪式分析经常受到的一个批评是，它过于普遍化。仪式无所不在；但如果一切事情都是仪式，那么什么不是仪式呢？"❷ 这种"空间崛起"和"仪式泛化"的共存性特征一方面大大拓展了人类社会实践的空间和领域，另一方面也给人们的生产和生活增添了许多不确定性因素。因此，我们有充分的理由和足够的信心去重新考量和理性解构我们所处的社会、所经历或正在经历的种种仪式活动。在这种"空间崛起"不断异化、"仪式泛化"日益加剧和权力交织下社会角色的认同和秩序结构中，"仪式空间"究竟是什么？它是一种客观、独立的存在，还是权力、关系或结构支配下的附属物？是仪式空间的权力化还是权力化的仪式空间？……这些问题一直留存在科学研究的思辨和研究者的争论之中。

因此，在"时空崛起"和"仪式泛化"并置的时代背景下去思考、诠释和重构"学校仪式空间规训问题"，是一种基于客观现实和多主体需求的必要，也是对当今时代的一种积极回应和主动担当。

（二）教育秉性："良善取向"与"规训实指"同存

教育作为一种培养人的社会活动，其在曲折而漫长的发展脉络中，无不彰显和发挥着两大功能（促进人的发展和促进社会的发展），接受着社会需求的逐级内化。在一定意义上，教育不仅是一种社会产物和历史现象，还是传承社会文明和培养人社会化的一种重要手段。作为教育发展社

---

❶ 孙江. "空间生产"——从马克思到当代 [M]. 北京：人民出版社，2008：1.
❷ 兰德尔·柯林斯. 互动仪式链 [M]. 林聚任，王鹏，宋丽君，译. 北京：商务印书馆，2012：35.

会性产物的学校，从这个视角来说，学校显然也就成为了一种专门为学生社会化而设的教育场所，渗透着强烈的价值取向。尽管"教育价值取向是务虚的，但在学校运转的实践中可以找到实际形态"❶。因此，教育和学校教育无疑是个价值领域，其建立在多重主体的多层次需要的基础上，反映了多个主体的需要和追求。从某种角度来说，教育是人们习得前人生产技术和生活经验的一种社会活动，是在被经验包裹和规则训导的环境中所实施的渗透着价值取向的社会行为。"教育即规训"的论断几千年前就散见于相关文献资料之中，尤其是通过对"教育"原初概念的解读更能窥见一斑。"在中国，'教'字最早见于甲骨文'⚹'，左'爻'表被教者，右'攴'表手持木棒的教育者，象形意义明显。……《说文解字》称：'教，上所施，下所效也。'……故《说文解字》称：'育，养子使作善也。'……《孟子·尽心上》：'得天下英才而教育之，三乐也。'"❷ 可见，教育行为是一种具有价值前设显著特征的行为，在一定程度上就是一种规训行为。换句话说，教育行为的发生和实施也就是规训行为的发生和实施，二者具有同存性。

众所周知，培养人才是学校教育的一项重要职能，是教育的宗旨和存在的根基。然而，学校教育行为的发生和实施并不是孤立地存在于社会之中的，它是依托于学校空间情境、附着于社会权力的，是被人为建构的一种权力秩序和权力话语。学校与其他社会组织一样，均拥有权力、关系、结构、秩序、逻辑和价值等，在学校场域中的人，他们的行为不仅仅反映他们自身的个性特质，而且还受其社会价值和组织文化期待的影响。❸ 也就是说，学校本身拥有权力，同时也是社会权力不断斗争和妥协的权力化产物。从一定程度上来说，无论是教育行为的发生，还是学校教育改革发展，一切教育活动都会表现于被规训化的学校仪式空间之中。因此我们要

---

❶ 张东娇. 最后的图腾——中国高中教育价值取向与学校特色发展研究 [M]. 北京：教育科学出版社，2005：9.

❷ 顾明远. 教育大辞典（上）：增订合编本 [Z]. 上海：上海教育出版社，1998：725.

❸ 罗伯特·G. 欧文斯. 教育组织行为学 [M]. 7版. 窦卫霖，温建平，王越，译. 上海：华东师范大学出版社，2001：1.

研究教育行为发生、谋求教育改革发展，其核心就是要对规训化的学校仪式空间进行变革、解构和重构。

（三）学校窘境："教育危机"与"现实局限"加剧

回归我们所深处的社会，在注重物质和技术性成果的同时，对人的主体性地位和能动性发挥重视不足。这些社会现实显然与教育所追求的"不断提升人的地位，解放和发展人，让人活得更有尊严"的宗旨和初衷是不相符的。我们不得不反思：当下社会究竟给学校教育以及学校教育境域中的人带来了什么？不得不说，我们的教育，尤其是基础学校教育存在着一定的危机，但"对于危机问题的本质，这些书籍似乎还没有真正揭示"❶。所以，我们在看到国家教育事业蓬勃发展的同时，更要正视教育危机的实际存在。从某种角度来说，学校教育的局限性更为现实和迫切。我们不得不承认一个基本事实：学校教育存在危机❷。学校教育危机的出现，有着多重原因。我们必须清醒地认识到，学校教育危机正在蔓延并变得尖锐。这既是我们有目共睹的事实，也是教育仍需改革的证明。对于我们这些极力想让教育变得名副其实的人们而言，这些危机触手可及。❸

因此，从"学校仪式空间规训"的视域去审视和剖析教育危机（或学校教育危机），不仅能拓宽研究学校教育问题的思路，而且还是一种基于教育实践的有益尝试和主观努力，对有效化解教育危机不失为一种可选择和可依循的达成路径。

（四）个人经历："仪式现象"与"规训主题"展演

这个被称为"学校"的地方，究竟是什么？在学校中正在发生着什么？❹这是笔者一直在积极探求并竭力解决的问题。迈克尔·W.阿普尔曾提出：

---

❶ 迈克尔·W.阿普尔.教育能够改变社会吗？[M].王占魁，译.上海：华东师范大学出版社，2014：11.

❷ 珍妮·H.巴兰坦.教育社会学：一种系统分析法 [M].5版.朱志勇，范晓慧，译.南京：江苏教育出版社，2005：51.

❸ 迈克尔·W.阿普尔.教育能够改变社会吗？[M].王占魁，译.上海：华东师范大学出版社，2014：15.

❹ 约翰·I.古德莱得.一个称作学校的地方 [M].修订版.苏智欣，胡玲，陈建华，译.上海：华东师范大学出版社，2014：2.

"学校是被孤立在社会之中的。学校所在的，是一个人为操纵的世界。"❶

现象即经验。现象揭示着社会规范和伦理。❷ 因此，学校仪式空间规训研究就是要指向和揭示这些繁杂的教育现象背后事实之所在。正如苏尚锋所说的那样："学校空间是日常社会现象中的空间密度大且交往关系丰富的特殊场所，学校中众多身体的相互交往互动可以生产出非常丰富的各种空间形式。"❸当我们在对学校仪式空间进行分析时，是对整个学校仪式空间本身及其内部所有内容的认识和解读，而不仅仅是对学校仪式空间中对象的关涉。因此，学校仪式空间规训问题不仅仅是对学校仪式空间中的规训行为进行现象描述，更是对学校仪式空间本身所具有的规训意涵问题进行阐释和建构。作为一名具有十余年高中教育教学工作经历的实践者和学校管理者，笔者对"学校仪式空间规训"这个问题经历了一个从情感体验到理性思考的过程。

由此，深度探究学校仪式空间规训的存在样态如何，学校仪式空间规训是如何形成的、学校仪式空间规训对教育利益相关者会产生什么影响等问题就显得尤为关键和迫切。

二、研究目的

研究是基于解决问题的需要。在人文社会科学中，人类所开展的研究都是具有主观性和价值前设的，是功利化的。基于此，研究目的则是人们开展研究的动机和期待。

学校仪式空间规训作为一种潜在的社会秩序和权力建构，使学校的教育、社会、文化等功能得以实施和扩散。本研究以"学校仪式空间规训"为研究主题，其目的主要有以下两方面。

首先，全面、客观、系统地呈现和揭示学校仪式空间规训境域中人的生存样态。本研究始于对学校仪式空间规训教育现场的现实考察和亲历实

❶ 迈克尔·W. 阿普尔. 教育能够改变社会吗？[M]. 王占魁，译. 上海：华东师范大学出版社，2014：72.

❷ 宁虹，钟亚妮. 现象学教育学探析 [J]. 教育研究，2002（8）：32－37.

❸ 苏尚锋. 论学校空间的构成及其生产 [J]. 教育研究，2012（2）：29－34.

践，通过对相关研究文献和学科理论的查阅、梳理和分析，理性认识学校仪式空间规训的内涵、类型、特征和功能；运用空间社会学、教育社会学、人类仪式学、福柯微观权力等理论去探索学校仪式空间规训的成因和运行机制；选取一所具有同质化、典型性的学校为研究单位，全面呈现、解释和解构学校仪式空间规训境域中"人"的真实生存状态，进而深度探究学校仪式空间规训对"人"的影响方式、广度和深度，以及如何进一步发挥学校仪式空间规训对教育利益相关者的积极影响等。

其次，从学校仪式空间规训境域中探寻出一条平等、民主、开放、自由的，使人能够"成为我自己"的人性回归的教育实践路径。本研究源于教育现场并终究要回归到教育现场中去，因此具有强烈的直接性、现场性、服务性和实践性，通过对"学校仪式空间规训"问题进行理解性解释和意义性表达来进一步谋求仪式空间福利。为有效化解或破除这种仪式化和规训化的"教育病理"和"教育危机"提供一些制度建设上的参考和路径上的选择，进而为"寻求一种为人们所不懈追求的那种更具包容性的社会公正价值，寻求一种更能响应民众诉求和让人民活得更有尊严的社会"❶服务。这既是教育的本质诉求和使命所在，也是教育人的价值体现和应有担当。

三、研究意义

研究意义是指研究结果对研究主体及相关组织或单位所产生的作用或价值。

（一）理论意义

从理论意义来讲，本研究作为一项围绕"学校仪式空间规训"而展开的实证研究，一定程度上能进一步丰富、完善空间社会学、仪式互动等相关理论，深化福柯规训微观权力理论，还能推动教育政策与学校仪式育人政策的更新、完善和调适。

---

❶ 迈克尔·W. 阿普尔. 教育能够改变社会吗？［M］. 王占魁，译. 上海：华东师范大学出版社，2014：13.

第一，有利于进一步丰富、发展和充实空间社会学、人类仪式学等相关理论。学校空间理论、仪式互动理论和福柯规训思想作为本研究的三大理论基础，架构和导引着整个研究的思路和框架。对本研究而言，空间不仅是核心概念，还是逻辑起点。从某种角度来说，空间是一种社会的产物，任何一种现象和行为的发生都是在一定的空间场域中完成的。因此，空间不仅是各种社会行动的依托和载体，还是各种矛盾和冲突的地方。首先，本研究从"学校仪式空间情境下的学校规训问题"转向"学校仪式空间本身所具有的规训意涵和权力扩张"。可见，"学校仪式空间规训研究"是对仪式、空间、权力、知识和社会行动"五位一体"社会空间的重新解读和意涵再构。其次，本研究把研究问题聚焦到仪式空间规训，在所有研究社会空间和学校教育规训的文献资料中，这也是极具创新的一个视角，对促进社会空间理论和仪式互动理论发展具有非凡意义。最后，本研究的核心概念是"空间规训"。通过对中国知网、web of science、Proquest、Springer online Journals 等数据库进行查阅和检索后发现，"空间规训"这一核心词汇是不存在的。也就是说，目前对空间自身规训意涵的研究还是比较匮乏的。因此，本研究不仅能丰富和发展空间社会学理论，还能进一步对福柯规训思想理论进行延展和验证。

第二，有利于创新和拓宽学校仪式空间规训等相关研究的视角和思路。目前以学校空间、仪式和规训为研究主题的文献资料较多，但比较分散和独立，交叉重叠现象较严重，并且存在着不同程度的"一边倒"现象。此外，在理论生成和策略建构方面存在着重复性和空洞性，过于"老套"和"宏大"，借鉴意义和参考价值不高。本研究通过描述和诠释学校仪式空间规训对教育场域中的"人"的限定和约制影响，进一步揭示和呈现教育现场被规训和压制的真实状态。本研究不仅能揭示和呈现出教育事实上"是一套制度，是和社会与个人之间的一系列关系"❶，还能直指学校教育问题是什么，对其成因、实施手段和影响进行深度剖析和多维透视，

---

❶　迈克尔·W. 阿普尔. 教育能够改变社会吗？[M]. 王占魁，译. 上海：华东师范大学出版社，2014：33.

并回归教育现场，尝试寻求解决路径。所以，本研究无论是研究问题的聚焦，还是研究视角的选取，甚至是研究理路的架构，都是对现有研究的创新和突破。因此，本研究不仅充实了相关研究成果，还进一步创新和拓宽了相关研究视角和思路。

（二）实践意义

正如前文所描述的那样，任何研究都是基于解决问题的，研究的成果是要用来指导和服务实践的。从实践意义来讲，本研究一方面有助于规范和重构学校空间结构和仪式育人环境，另一方面能够引领和成就个人专业发展和精神成长。

首先，有利于规范和重构学校空间结构和仪式育人环境。学校作为"有目的、有计划、有组织地为一定社会培养所需人才的机构"❶ 的功能被普遍认可，但其"不仅能够再生产宰制关系，也能够挑战宰制关系"❷ 的双重角色也越来越得以外显并逐渐被认同。其实，我们所要托付大半生时间的学校空间"从来都没有脱离宏大统一的国家空间而独立的受到注视""学校空间自然也蕴涵了相关存在主体的各种实践"❸。换句话说，学校空间是人为的，也是为人的。本研究将进一步推动"发现人的价值、发掘人的潜能、发挥人的力量、发展人的个性"❹ 的学校育人空间和环境的构建。

其次，有利于引领和成就个人自主发展和精神成长。笔者作为一位长期从事高中一线教学的教师，作为一名受科层制影响的学校管理者，作为一位有着30余年学习经历的学生，对"学校仪式空间规训"问题的认识更为全面、系统和深刻，身份角色经历了"被规训者—规训者—规训与被规训同存"的转变，参与力度也实现了"边缘化参与—有限性参与—深度参与—组织操控"的逐级流转。换言之，笔者既是学校仪式空间规训的实施者、生产者，同时也是被规训者、被生产者。但作为"被规训者"的身

---

❶ 顾明远. 教育大辞典：增订合编本（下）［Z］. 上海：上海教育出版社，1998：1822.

❷ 迈克尔·W. 阿普尔. 教育能够改变社会吗？［M］. 王占魁，译. 上海：华东师范大学出版社，2014：33.

❸ 苏尚锋. 学校空间论［M］. 北京：教育科学出版社，2012：57，60.

❹ 袁振国. 当代教育学［M］. 4 版. 北京：教育科学出版社，2010：61－65.

份角色认同感更为强烈，在很多场合和情境中始终处于"被边缘化"。学校教师与学生的自主发展和精神成长情境，正如阿普尔所认为的那样，"被边缘化的人们只配做出某种特定的选择，而且这种选择似乎正是那种（甚或根本就没有）专门为那些被边缘化的人们而设的、日益加剧他们的被边缘化程度的学校教育"❶。因此，本研究中的仪式空间福利将在有效化解甚至消除教育场域中仪式空间规训负面影响问题等方面具有积极作用，对切实发挥仪式空间规训的正面功能具有重要意义，能够最大限度地促进人的自主发展和精神成长，实现"共成长"。

第二节　文献回顾及概念界定

在空间意识复苏和日益崛起的当今时代，"空间研究"已成为一个重要研究领域和独特研究视角。当然，任何一项研究主题的产生都不是研究者个人的凭空遐想和主观臆断，而是针对现实问题所给出的思考、解答和努力。学校仪式空间规训研究则是直面学校教育现实、实现学校育人本真的一项有益尝试和努力。

一、文献回顾

（一）起点：空间概念及多学科视角下的空间

1. 空间概念释义

空间不仅是本研究的核心概念，还是逻辑起点和重要支点。但空间概念的表述和界定一直都是各学科、各理论派别之间争论不休的焦点。通过对数据库检索、查阅和研读文献资料发现，目前比较有代表性的论述有以下几种：第一，《汉语大词典》对"空""间"和"空间"进行过界定和

---

❶ 迈克尔·W. 阿普尔. 教育能够改变社会吗？[M]. 王占魁，译. 上海：华东师范大学出版社，2014：21.

表述，"空"被界定为"空虚，中无所有"；"间"被界定为"中间，内，亦指事物两者的关系"；而空间指"物质存在的一种客观形式，由长度、宽度、高度表现出来。与时间相对。通常指四方上下。"❶ 第二，《辞海》对空间的界定是基于"时空一体"的视域进行的，"空间，在哲学上，与'时间'一起构成运动着的物质存在的两种基本形式。空间指物质存在的广延性；时间指物质运动过程的持续性和顺序性"❷。第三，《现代汉语大词典（第7版）》也对空间作出了"是物质存在的一种客观形式，由长度、宽度、高度表现出来，是物质存在的广延性和伸张性的表现"❸ 的界定。综上所述，空间通常被理解为具有客观性，并常常与方位、宇宙、自然科学中的计量有着较强的关联性。其实，空间概念就如社会学中其他的概念一样，至今无法达成较为统一的共识性的表述和界定，众说纷纭，尤其是学科之间的差异性更为突出。

2. 多学科视角下的空间

通过查阅"空间"相关的理论学说和文献资料，我们可以按照时间主轴线，对各学科视域中空间理论或观点发展脉络进行梳理（见图1-1）。

（二）转向：社会空间的诞生

在这样的学科空间理论嬗变征程中，空间的社会性表达和意蕴建构越来越清晰化和明朗化。"空间"也逐渐完成并实现了由"理论话语"的思辨争鸣向"行动中介和权力拓植"的社会生产的转向。从一定意义上说，人类社会是没有纯粹的空间过程的，只会存在逾越空间的社会过程。换言之，"空间本身是一个社会过程"❹。因此，人类社会的所有空间都是具有社会性的。由此看来，在社会学境域中，空间一直都是被各种权力、关

---

❶ 汉语大词典编辑委员会汉语大词典编纂处. 汉语大词典：第8卷、第12卷（上册）［Z］. 上海：上海辞书出版社，2011：409、420、74.

❷ 夏征农，陈至立. 辞海：第2卷［Z］. 6版. 上海：上海辞书出版社，2009：1252.

❸ 中国社会科学院语言研究所词典编辑室. 现代汉语词典［Z］. 7版. 北京：商务印书馆，2016：744.

❹ Doreen Massey. New directions in space［M］// Gregory Derek，Urry John. Social relations and Spatial Structures. London：Macmillan，1985：11.

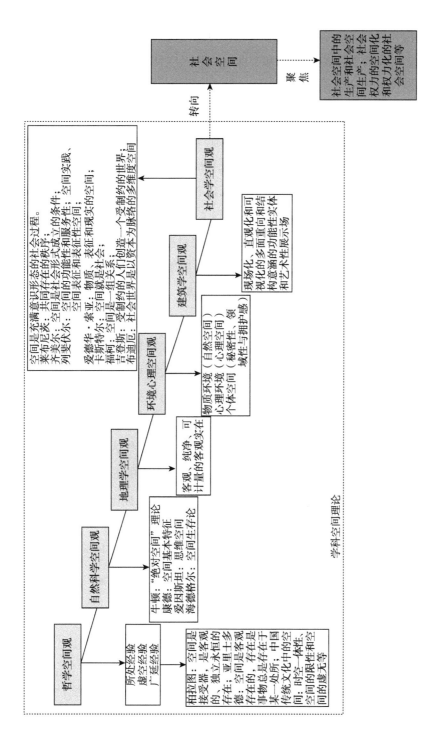

图1-1 "空间理论—社会空间"嬗变轨迹

系、结构和秩序等因素塑造和建构的。与此同时，这也是一个时刻充斥着意识形态和权力扩张的过程。基于此，在涉及空间的相关分析中，自然空间就逐渐被人为地弱化、边缘化直至消失或隐遁，接踵而至的则是社会空间。正如莱布尼茨（Leibniz）所表述的那样，"空间不是一种物质，而是事物之间的关系，是一种'共同存在的秩序'"❶。爱弥尔·涂尔干（Émile Durkheim）对空间问题的本质也有了更深入的理解，其认为"本质而言，空间的表现是感官经验材料最初达成的协调"❷。此外，马克斯·韦伯（Max Weber）也从地理学视域对空间进行了表达，如"聚落"❸。盖奥尔格·西美尔（Georg Simmel）可以说是最早自觉对空间进行研究的社会学家，其认为空间是社会形式得以成立的条件，并明确指出空间总是被占据性的使用，占据一旦形成，空间就会有自己边界，就会产生某种程度的排他性。❹ 与此同时，西美尔还指出社会空间具有排他性、区隔性、结构性等特征。随后，亨利·列斐伏尔（Henri Lefebvre）却指出："多年以来，人们对空间的认识和了解长期停留在精神空间，使空间沦落成为一种严重脱离现实的'意识之事'。"❺ 同时，列斐伏尔也明确提出了空间的功能性、服务性等理论主张。爱德华·索亚（Edward W. Soja）围绕空间提出了物质空间、表征空间和现实空间的三种划分界说。❻ 而作为列斐伏尔学生的卡斯特尔，更加明确地提出："空间就是社会，空间的形式与过程是由整体社会结构的动态所塑造的。"❼ 不仅如此，其还多次提出"空间是结晶化

---

❶ KAITH EMERSON BALLARD. Leibniz's Theory of Space and Time ［J］. Journal of the History of Ideas，1960，21（1）：49 – 65.

❷ 爱弥尔·涂尔干. 宗教生活的基本形式 ［M］. 渠东，汲喆，译. 上海：上海人民出版社，1999：12.

❸ 马克斯·韦伯. 非正当性的支配 ［M］. 康乐，简惠美，译. 桂林：广西师范大学出版社，2011：391.

❹ 盖奥尔格·西美尔（Georg Simmel）. 社会学——关于社会化形式的研究 ［M］. 林荣远，译. 北京：华夏出版社，2002：461.

❺ LEFEBVRE H. The Production of space ［M］. New Jensey：Wiley – Blackwell，1991：2 – 3.

❻ EDWARD W. SOJA. 第三空间——去往洛杉矶和其他真实和想象地方的旅程 ［M］. 陆扬，译. 上海：上海教育出版社，2005：12 – 13.

❼ 曼纽尔·卡斯特尔. 网络社会的崛起 ［M］. 夏铸九，王志弘，译. 北京：社会科学文献出版社，2001：504.

的时间（crystallized time）"的观点和论断。我们据此可以把时间理解为流质化的空间。福柯对空间的认识赋予结构主义的色彩，空间在他看来是融于人们的生命、时代与历史之中的，空间不是一种虚空，而是一组关系。福柯在其著作《规训与惩罚》中指出："规训权力变成一种'内在'体系……规训权力既是毫不掩饰的，又是绝对'审慎'的……既玩弄一整套空间、线条、格网、波段、程度的游戏，绝不或在原则上不诉诸滥施淫威和暴力。"❶ 福柯还认为，当今时代所出现的焦虑、惶恐等与空间存在着根本的关系。可见，福柯对空间的认识、解读、阐释和解构，具有突破性和批判性。安东尼·吉登斯（Anthony Giddens）也旗帜鲜明地指出："我们在受制约中创造了一个制约我们的世界。"❷ 此外，皮埃尔·布尔迪厄（Pierre Bourdieu）认为"行动者被各自所在空间的相对位置所界定"❸，其以资本为脉络，把社会世界定义为一种多维度的空间。布尔迪厄还根据资本的总量和结构，将社会空间阐释为由三个基本维组成：第一维按照掌握的种类资本的总量而分布；第二维按照资本的结构分布；第三维则是按照资本结构总量的变化而分布。❹ 当然，无论是行动者社会性行为的介入，还是占有者的习性；无论是资本的种类划分，还是占有位置的确定，都无法忽视和回避权力场这一基本事实。

总而言之，上述学科和理论派别之间对空间的理解、表述和界定主要聚焦在物质特征、象征意义和社会效用三个层面。由此看来，空间不仅是社会行动的中介和因素，也是一种可以被感知的客观实在和精神产物。因此，我们把空间视为对象和场所，通过最现实的社会行动活动，扎根于人类的各种欲望、博弈和冲突之中。

---

❶ 米歇尔. 福柯. 规训与惩罚：修订译本［M］. 4 版. 刘北成，杨远婴，译. 北京：生活·读书·新知三联书店，2012：200.

❷ 安东尼. 吉登斯. 社会的构成：结构化理论大纲［M］. 李康，李猛，译. 北京：生活·读书·新知三联书店，1998：9.

❸ BOURDIEU P. The Social Space and the Genesis of Groups［J］. Theory and Society, 1985, 14 (6)：723 – 724.

❹ 皮埃尔·布尔迪厄. 实践理性——关于行为理论［M］. 谭立德，译. 北京：生活·读书·新知三联书店，2007：18.

（三）趋近：作为社会空间的学校

在现有研究文献中，将"学校空间"作为研究内容的并不少见。以研究内容选取或指向为标准，本研究对"学校空间"相关研究文献进行了梳理和分类（见图1-2）。

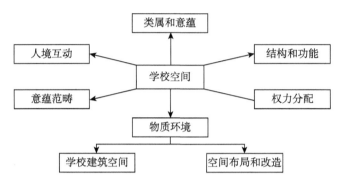

图1-2 学校空间研究内容选取和具化

1. 学校空间类属和意蕴

学校空间是教育活动赖以发生的物质性基础，是必备的物质条件以及学校环境中各种共存性关系的总和。❶ 学校空间最外显和可视化的组成元素或要件是物质元素，但这些物质元素并非单纯、孤立地存在着，而是与复杂的社会性内涵建构而成，其充分表征着客观空间要素与空间结构的原初意义和社会意涵。学校空间在为学校场域中的主体提供交互式社会情境之余，还赋予了更多、更深的隐喻和象征。我们借助福柯微观权力谱系学的理论视角，通过对学校空间所指和能指的阐释和解构，竭力构建出具有特定功能和意象的空间认知地图和学校教育空间权力谱系。苏尚锋曾旗帜鲜明地指出，学校空间是一个空间装置，具有深刻的社会性和复杂的结构性，其与社会权力相黏连以致本身成为权力的表征。❷ 此外，苏尚锋还多次提到，基于权力、关系、意志和纪律等的渗透和拓植，学校空间显露出分类化、等级性、排他性、区隔性和封闭性等特点或特征，进而呈现出多

---

❶ 苏尚锋. 学校空间性及其基本内涵［J］. 教育学报，2007（5）：8-12.
❷ 苏尚锋. 学校空间论［M］. 北京：教育科学出版社，2012：65.

重的空间意蕴、价值、功能和表征。换言之，学校空间作为一种客观的实体存在，一方面体现为社会权力、结构、意志、制度等对其的控制和规训，另一方面还表明了其在社会权力渗透和约制下对空间自由的努力和追求。正如石艳、田张霞所陈述的那样，历史上的学校空间可以分为两种类型——自然的学校空间和人为的学校空间。❶ 可见，只对学校空间的客观自然性进行解读和分析，显然是不够的。我们在立足并尊重学校空间客观性的同时，还需要深度挖掘和剖析其社会性、历史性、实践性和生产性，对学校空间的表征和层维进行划分和解读。

2. 学校空间结构和功能

学校空间是学校场域中各种教育教学活动、现象和问题发生所在和存在场所，任何教育研究都不该回避对学校空间的正视、认知和解读。但多年以来，传统的教育研究仅仅把学校空间窄化为办学条件、硬件资源和教学设施。这些观念和行为是对学校空间功能的曲解，是对学校空间价值的闲置，是对学校空间表征的轻视，在很大程度上造成了对"学校空间"认识的简单化、片面化和工具化，掩盖了"学校空间"的丰富内涵、广袤价值和多重表征。当然，学校空间结构是复杂的，功能是丰富的，分类是多元的。苏尚锋根据不同的标准将学校空间分为固定空间、半固定空间和不定空间这三种类型。❷❸ 而徐秀华从物理空间、精神空间、虚拟空间和自由空间四个层维对学校空间进行划分。❹ 多伯（Dober）将学校空间划分为传统空间（建筑空间）、第二空间（人的空间）与第三空间（包括植物空间、装饰休闲空间）等。❺ 此外，温雅玲从教学空间互动的视角，对多意

---

❶ 石艳，田张霞. 作为社会空间的学校——基于西方空间社会学研究的新进展 [J]. 外国教育研究，2008（7）：1–6.

❷ 苏尚锋. 学校空间性及其基本内涵 [J]. 教育学报，2007（10）：8–12.

❸ 苏尚锋. 学校空间论 [M]. 北京：教育科学出版社，2012：86–193.

❹ 徐秀华. 学校空间变革研究 [D]. 上海：华东师范大学，2006：I.

❺ DOBER R P. Campus Landscape: Founction, Forms, Feature [M]. Manhattan: John Wiley & Sons Inc, 2000.

教学空间的形态构成和组合模式进行了积极建构。❶ 郝占国对农村寄宿制中学生活空间的规划布局、要素设计进行了分析和探讨。❷

3. 学校空间物质环境

学校空间最原初的意涵指向是物质层面。本研究通过检索、查阅和研读相关文献资料，将目前学校空间物质环境相关文献资料分为两大基本理路：学校建筑空间和学校空间布局改造。

学校作为社会空间，是由多种空间要素组成的，其中最主要也是最外显、可视的就是建筑空间。空间通过形态各异的建筑来表达不同阶层和社会角色的主体交往需要。只要存在着有交往互动需要的个体，建筑空间就绝不会是孤立的、冷冰冰的客观存在，就会形成相应的结构分层、功能区隔和空间表征。每当提及学校或学校空间时，在人们根深蒂固的思维中仍留存着"校门、围墙、校舍和运动场"等图景，这是人们对学校空间最普遍的定位和最核心的理解。日本学者平塚益德认为学校建筑划分为校舍、室内运动场、学生宿舍三类，学校建筑应注重教育、环境、经济和工程等要素。❸ 李蕾在城乡统筹发展背景下，对陕西省农村中小学教育建筑现状进行了调查和分析。❹ 张艳颖对室内教学空间模式、室内公共空间模式、室外活动空间模式等学校建筑空间进行现象描述和理解性解释。❺ 邵兴江从教育学、文化学、建筑学等角度对学校建筑空间进行了多维探讨和解析。❻ 此外，周崐和韩丽冰均在对国内外中小学学校建筑空间进行比较和

---

❶ 温雅玲. 中小学校多意空间及其适应性环境设计研究 [D]. 西安：西安建筑科技大学，2008：55 - 79.

❷ 郝占国. 西北地区农村寄宿制中学生活空间研究 [D]. 西安：西安建筑科技大学，2009：61 - 93.

❸ 平塚益德. 世界教育辞典 [Z]. 黄德诚，夏风鸾，王宣琦，等译. 长沙：湖南教育出版社，1989：536 - 537.

❹ 李蕾. 城乡统筹背景下陕西农村学校建筑空间改造研究 [D]. 西安：西安建筑科技大学，2012：21 - 104.

❺ 张艳颖. 当代教育新理念下的中学建筑教育空间模式与设计探讨 [D]. 杭州：浙江大学，2015：45 - 53.

❻ 邵兴江. 学校建筑研究：教育意蕴与文化价值 [D]. 上海：华东师范大学，2009：46 - 250.

分析之后，主张对现有学校建筑空间进行革新和整合。❶❷ 这在很大程度上印证了刘云杉所指出的"空间是一个权力建构的场域"❸ 的基本论断。在我们讨论和陈述学校建筑空间时，一直无法回避教学空间。教学空间实则是被教育者知识话语和意志权力所塑造的。黎正也在对中外课堂教学空间进行对比和分析之后，明确提到教学空间层次单一、教学规范设计呆板、教学空间交往能力缺失等不足和局限，并提出了应对策略。❹ 潘跃玲从空间社会学的视角，对中小学教室空间的基本构造、现象学重构、形式与本质等进行探究和分析。❺ 此外，孙洪艳在对空间教育性进行分析之后，对教室空间演绎以及人与空间的关系进行描述和阐释，并进一步分析了教室空间变革的基本理路。❻

学校空间是人为的，也是为人的。作为被社会权力和主体意志交织和形塑的学校空间，一直在不断的区隔和融合之中沉浮，学校空间布局和形态也在建立和破除之间更迭。张熙认为，在学校空间布局和改造过程中，要正确处理好公共与个体、常规与突破、现实与虚拟的关系……寻求更有支持性的空间福利。❼ 徐秀华在学校空间布局和改造的问题上也指出要遵循物理空间变革、精神空间变革、虚拟空间变革、自由空间变革的基本策略。❽ 杨涟慧在梳理现有学校空间布局和改造主要围绕影响因素、调整困境和优化对策三个层面之后，开创性地从年鉴统计数据的角度去分析学校规模、学校结构、城镇化等对学校空间布局和改造的影响。❾ 夏坤采用 GIS

---

❶ 周崐. 新形势下的西北农村中小学校建筑计划研究［D］. 西安：西安建筑科技大学，2009：53 – 233.

❷ 韩丽冰. 适应素质教育的中小学建筑空间灵活适应性研究［D］. 西安：西安建筑科技大学，2007：7 – 72.

❸ 刘云杉. 教学空间的塑造［J］. 教育科学研究，2004（6）：10 – 12.

❹ 黎正. 国际学校与普通中小学教学空间的对比研究［D］. 广州：华南理工大学，2013：98 – 107.

❺ 潘跃玲. 教室空间构造的现象学研究［D］. 宁波：宁波大学，2013：17 – 46.

❻ 孙洪艳. 教室空间的变革初探［D］. 上海：华东师范大学，2012：18 – 47.

❼ 张熙. 着力改造学校空间——兼谈学校改进的方向与转化［J］. 教育科学研究，2015（10）：5 – 14.

❽ 徐秀华. 学校空间变革研究［D］. 上海：华东师范大学，2006：9 – 44.

❾ 杨涟慧. 新疆城镇化进程中学校空间布局优化的研究——以吐鲁番市为例［D］. 石河子：石河子大学，2013：16 – 47.

空间分析技术，对学校空间布局及优化进行讨论和分析。❶ 李婷与孙晓雨提出，学校应该是为了让学生更好的学习而不是为了更好的管理，学校空间设计富有教育功能。❷ 脱中菲与周晶结合空间环境的功能与定位，对开放式学校空间环境的设计和利用进行探究和建构。❸ 赵长顺认为以往的学校空间研究仅仅将学校空间定位为物质空间或心理空间，忽视了学校空间的社会意蕴和社会行为。在学校空间布局和改造中，理应注重学校空间的灵活性、开放性和平等性等。❹

4. 学校空间权力分配

本雅明曾明确提出："人一旦进入学校，就会无可挽回地陷入学校空间的权力之下，被种种权力、意志、规则的无形要求所控制和折磨。"❺ 此外，福柯也在《规训与惩罚》中深刻剖析了学校空间场域存在的权力、关系、结构、等级、秩序和位置问题。相比较而言，石艳对学校空间权力有了新的阐释，其认为由于学校空间本身承载的大量的特殊信息，使其在成为一种实用工具、场所之外，又成为一种具有表现力的语言。❻ 石艳还指出，学校空间在完成现代转型的同时彰显出权力和自由的双重性，成为现代社会空间的重要组成部分，即使是网络化的学校空间，仍然无法真正逃离现代社会巨大权力之网的包围。❼ 此外，苏尚锋也对学校空间权力进行了精彩的论断，尤其是围绕学校空间权力性生产问题。苏尚锋指出，学校空间处于社会结构之中并且呈现为一定的结构，与无所不在的弥散性的社会权力黏连以致本身成为权力的表征，其生产的动力根源就是权力。❽ 伴

---

❶ 夏坤. 小城市中小学空间布局研究——以麻城市市区中小学为例 [D]. 西安：西安建筑科技大学，2014：11 - 76.

❷ 李婷，孙晓雨. 适应新课改理念的学校空间设计研究 [J]. 科教导刊（电子版），2013 (11)：52 - 53.

❸ 脱中菲，周晶. 开放式学校空间环境设计与利用 [J]. 中国教育学刊，2011 (8)：21 - 23，28.

❹ 赵长顺. 基础教育阶段学校空间优化研究 [D]. 重庆：西南大学，2013：24 - 27.

❺ 刘北成. 本雅明思想肖像 [M]. 上海：上海人民出版社，1998：8.

❻ 石艳. 现代学校空间的知识与权力——以学校卫生学为例 [J]. 教育学报，2010 (5)：17 - 22.

❼ 石艳. 现代性与学校空间的生产 [J]. 教育研究，2010 (2)：22 - 27.

❽ 苏尚锋. 学校空间性及其基本内涵 [J]. 教育学报，2007 (5)：8 - 12.

随着社会空间理论的发展和演进，学校空间的社会意涵、权力表征和规训实指逐渐得到社会的普遍认同。李卫英也曾表明，学校空间作为错综复杂的关系和权力网络结构，象征着一种制约与反制约的力量。❶

5. 学校空间人境互动

从空间社会学的视角来看，空间是主体之间实现互动的情境和场所。只要行动个体有互动需求，空间就不再是纯粹的、孤立的客观存在，而是意志、权力、关系的综合构建。石艳和田张霞从物质的社会内涵到互动的社会关系，从微观的环境设计到宏观的场所表征，从行动策略的场域构建到整体意向的构成，从停顿的现在时间点延展到流动的社会脉络，对学校空间进行全方位分析和解读。❷ 李卫英也指出，通过区隔与脱域的方式，学校空间确立了自身训诫规则的空间构建，并与整体的社会空间相融合。❸因此，学校空间是教育行动者活动的场所，是各种意志、权力、关系、秩序的矛盾统一体或综合体，是一种复杂的互动关系网络。在一定意义上，学校空间既是各种意识汇集的领域，也是弱势群体进行话语表达的场域。

6. 学校空间意蕴范畴

意蕴的本义是"事物的理性内容或含义"，是需要主体经过多次揣摩和反复体会才能实现的。可见，学校空间意蕴的理性内涵更具有独特意义。闫利雅认为，学校空间文化的概念及其在现实学校生活中的主要表现，诸如校园空间文化、教师办公室空间文化、教室空间文化、图书馆空间文化和实验室空间文化等。❹ 石艳指出："将学校作为一种社会空间加以考察，首先要将作为社会空间的学校与作为环境、场所、组织、场域的学校加以区别。"❺ 李俊也明确指出，学校空间是一种再生产资源，在权力、

---

❶ 李卫英. 拓植：学校空间中的一种生存策略 [J]. 太原师范学院学报（社会科学版），2010（5）：119－121.

❷ 石艳，田张霞. 作为社会空间的学校——基于西方空间社会学研究的新进展 [J]. 外国教育研究，2008（7）：1－6.

❸ 李卫英. 拓植：学校空间中的一种生存策略 [J]. 太原师范学院学报（社会科学版），2010（9）：119－121.

❹ 闫利雅. 学校文化的环境：空间文化建设 [J]. 教育科学研究，2005（8）：28－31.

❺ 石艳. 我们的"异托邦"：学校空间社会学研究 [M]. 南京：南京师范大学出版社，2009：47.

意志、关系、结构、秩序和制度等包裹和阻隔下，不断生产出新的不平等的地位和关系。❶ 此外，石艳通过社会学的视角对学校空间进行了揭示和阐述，明确提到区隔和脱域是学校空间意蕴表达的两大路径。❷

（四）到达：学校仪式空间的境域表达和规训实指

1. 仪式内涵表述及时空情境表达

任何一项学术研究，都需要有明确、具体的研究对象。但对仪式研究来说，这是不现实的，现有研究很难对仪式作出一个明确、规范、普适的内涵界定，甚至很难从某一学科或某一理论视角对其进行界定、描述和解释。目前来看，无论是庞杂的工具书，还是各个领域的专家学者，都努力地去对仪式的内涵和表征进行界定和阐释。

工具书对仪式内涵的界定和解读。"仪式"一词起源于 Ritus（拉丁语），而英文中首用"Rite"（仪礼）单词作为"Ritus"的同义词，意指一般的风格，后来逐渐演变成传统所特许的社会风俗。由此看来，大多数"宗教"及"巫术"行为均属于仪式，但"仪式"这一泛化概念通常不仅限于宗教和巫术领域。在众多的工具书中，其中《辞海》将仪式界定为"礼节"❸，《大辞海》将仪式描述为"举行典礼活动的形式、程序"❹。而《中国大百科全书》（第二版）将仪式解读为"在人类学中主要指反映宗教和神论观念的操演活动。兼备象征意义和实用价值，是社会记忆和价值传承的重要手段"❺。此外，《辞源》（第三版）将仪式表述为"典礼之秩序形式等，礼节规范"❻。《现代汉语词典》（第 7 版）将仪式界定为"举行典礼的程序、形式"❼。

---

❶ 李俊. 学校空间中的社会工作 [J]. 学海，2012（6）：75 – 79.

❷ 石艳. 区隔与脱域——学校空间管理的社会学分析 [J]. 教育科学，2006（4）：23 – 25.

❸ 夏征农，陈至立. 辞海：第 4 卷 [Z]. 6 版. 上海：上海辞书出版社，2009：2700.

❹ 夏征农，陈至立. 大辞海：语词卷 5 [Z]. 上海：上海辞书出版社，2011：4185.

❺《中国大百科全书》总编委会. 中国大百科全书：第 26 卷 [Z]. 2 版. 北京：中国大百科全书出版社，2009：301.

❻ 何九盈，王宁，董琨. 辞源：第 1 册 [Z]. 3 版. 北京：商务印书馆，2018：348.

❼ 中国社会科学院语言研究所词典编辑室. 现代汉语词典 [Z]. 7 版. 北京：商务印书馆，2016：1543.

专家学者对仪式内涵的理解性解释。多年以来，各个学科或理论流派都不同程度地对仪式有着相应的理解、认知和阐释，国内外专家、学者对仪式问题的研究从未停止。通过查阅资料并整理分析，有关仪式内涵的界说主要有以下三种观点。第一，仪式是个人生命周期的过渡。第二，仪式是在特定场合举行的一种规范化、程序性的正式行为和活动。就如特纳所阐释的那样，"仪式是用于特定场合的一套规定好了的正式行为"❶。我国学者薛艺兵也指出，仪式"是付诸于实践的一种行为，是一种特定的行为方式"❷。简言之，从本质上来看，仪式实则就是一种行为方式。第三，仪式是文化特有的外现形式。这种语境下的仪式，更多地指向程序化活动背后的纪念意义和精神价值。作为文化表征和精神符码的仪式，具有显著的外显特征和强大的辐射能力，使仪式被赋予的文化意蕴得以生动地展示出来，表现为程序化行为的外现形式。❸ 郭于华对仪式的文化外现形式有更深刻的认识和更独特的见解，其把仪式理解为"被传统所规范的一套约定俗成的生存技术或由国家意识形态所运用的一套权力技术"❹。余清臣还直接把象征性、表演性、文化性和活动的系统性定位为仪式的四大内在规定性。❺

综上所述，我们可以看出，仪式是需要时空情境的。尽管学科视角、理论背景和研究领域的不同，仪式被赋予不同的意涵和表征，但它们都具有以下几个共同特点：其一，具有周期性和特定时空情境性；其二，具有活动程序性和行为规范性；其三，被赋予文化寓意和情感表征。仪式作为一种特定的文化现象和社会行为，不仅表现出人们的意志、精神、信仰和情感，还表现出一定的社会秩序和权力关系。在这种语境中，仪式往往还表征着某种结构或关系，反映出一定的社会结构和权力关系。基于此，仪

---

❶ 菲奥纳·鲍伊（Fiona Bowie）. 宗教人类学导论［M］. 金泽，何其敏，译. 北京：中国人民大学出版社，2004：176.

❷ 薛艺兵. 对仪式现象的人类学解释（上）［J］. 广西民族研究，2003（2）：26–33.

❸ 李育红，杨永燕. 文化独特的外现形式——仪式［J］. 广西社会科学，2008（5）：202–205.

❹ 郭于华. 仪式与社会变迁［M］. 北京：社会科学文献出版社，2000：3.

❺ 余清臣. 论教学活动的仪式性［J］. 中国教育学刊，2006（2）：38–41.

式是表征性和建构性的统一体，在全面呈现行动主体心理活动和行为关系的同时，也清晰地揭示了意志表达和权力拓植的策略技艺。

2. 学校仪式空间

在一定意义上，学校仪式是权力场，就像布尔迪厄所表述的"场域"，存在着多种权力关系和秩序结构。仪式作为一种古老文化现象和特定社会行为，极具信仰表达、秩序建构和瞬时共有情感，蕴含着丰富的内容意涵和表征着强烈的象征意义。仪式一直活跃在学校空间场域的各个环节和领域，并成为学校教育教学的主要手段和重要资源。国内外专家和学者从不同角度和侧面对学校仪式进行研究，但只是将空间视为学校仪式的一种时空情境，而不是其本身。因此，他们研究的焦点和结论也主要聚焦在学校仪式空间中的教育教学活动和行为，而对学校仪式空间本身的生产性和规训化的关注明显不够。笔者通过查阅文献资料发现，现有关于"学校仪式"研究的文献资料较多，但以"学校仪式空间"作为一个特定主题概念进行研究的甚少。因此，本研究通过对现有"学校仪式"文献的查阅和梳理，拟从以下基本理路（见图1-3）对学校仪式研究现状进行呈现、分析和评述。

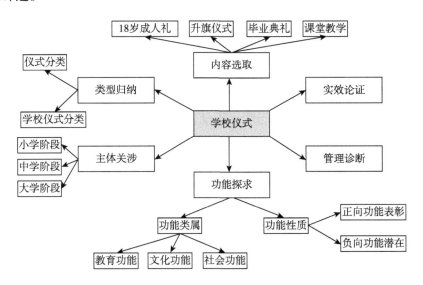

图1-3 学校仪式研究内容选取和具化

22

（1）仪式内容选取

①18 岁成人礼。在我国法律条文的描述中，18 周岁是公民法定权利享有和义务担当的重要节点和基本要求，也是青少年走向成年的分界年龄。基础教育尤其是高中教育阶段，是学生从未成年走向成年的重要人生阶段。18 岁成人礼无论是对学生还是学校都具有极其重要的意义。王彩霞运用文献分析和问卷调查相结合的方法，对 18 岁成人礼的概念、内容、实指和原则等基本内涵进行梳理和分析，但也明确指出目前学校开展 18 岁成人礼时存在着目的不清、准备不足、方法陈旧、效果不佳等不足或局限，并尝试从学校、教师和社会三大维度进行策略建构。❶ 李中亮从教育意蕴、内容体系、实践运作、问题与对策四个层面❷，阎葳从存在现状、发生机制、实践完善、策略建构四个维度分别对 18 岁成人礼进行探究和剖析❸。综上所述，对 18 岁成人礼仪式活动的研究，均较为全面地对现象进行描述和理解性解释，都尝试对策略进行积极探究。但总体而言，研究过于表面化，研究深度不够和系统性不强，研究关注点较为庞杂和分散，研究理路同质化特征明显。

②升旗仪式。旗帜，往往表征着方向、信仰、精神和意念，在对人的思想教育和精神洗涤过程中发挥着极其重要的价值和功能，是不可替代的。姜世丽采用参与式观察法深入一所中学对升旗仪式进行了实地研究，在对升旗仪式现场图景进行立体呈现和深度描述的基础上，进而对学校教育中存在的种种规训现象和约制行为进行揭露和批判，并为规训和约制并存、形式和同质俱在的升旗仪式寻求新的出路和生机。❶ 宋崔运用田野调查方法，以"局内人"的角色对学校升旗仪式进行了人种志研究，尤其是从文化系统的角度，对升旗仪式从学校文化、教育文化和国家神话三个层

---

❶ 王彩霞. 18 岁成人仪式教育活动的现状分析及对策研究 [D]. 上海：华东师范大学，2008：12 - 75.

❷ 李中亮. 18 岁成人仪式教育活动研究 [D]. 开封：河南大学，2007：1.

❸ 阎葳. 当代我国成年仪式教育功能及其实现研究——基于对北京某中学调查的多维比较分析 [D]. 北京：中央民族大学，2009：11 - 58.

❶ 姜世丽. 升旗仪式的社会学研究——以陕西省 X 中学为个案 [D]. 南京：南京师范大学，2011：14 - 36.

级进行阐释。❶

③毕业典礼。毕业的本义是标示着学业的完成和结束，表征着收获和成长。刘丽反思目前学校毕业典礼仪式文化的得与失、优与劣，在尝试着对学校毕业典礼进行重构的过程中，对学校仪式文化的革新和营造提出了相应的建议和要求。❷ 傅霜对"学位授予仪式"给予了高度关注，除了对学位授予仪式进行内涵概述和现象描述，对仪式背后的价值主张和权力运作进行揭示，还对学位授予仪式中的符号表征、时空情境、道具衣着、角色分配、语言设计、音乐选取、情感互动等现象、隐喻和表征进行了深刻剖析和详细阐述。❸ 李启波对高校毕业典礼予以关注，其对学位服的符号与象征、言语的致辞与修辞、空间的秩序与权力等进行了全面解读和深度剖析。❹

④课堂教学。在学校空间场域中，课堂教学是教育教学活动的主阵地。在一定意义上，课堂教学仪式文化是学校组织文化的缩影和载体。于鹏飞以"局内人"的视角，对课堂教学中的行礼、诵读、回答、表扬、练习和课下的表现形态进行解读，并对课堂教学仪式功能进行深入探讨和分析。❺ 余清臣也提到，教学活动本身就具有了一种象征作用，自身也就构成了一种象征性符号，教学活动也就有了负载文化意义的仪式性。❻ 此外，史宏杰对小学阶段课堂教学中"上下课、教师讲授和提问、教师表扬和批评"等环节中存在的问题进行剖析，并提出了相应的应对策略。❼

---

❶ 宋崔. 学校升旗仪式的人种志研究——对一所中学的田野调查 [D]. 上海：华东师范大学，2004：31-40.

❷ 刘丽. 毕业典礼的教育文化研究——以 C 校毕业典礼为例 [D]. 上海：华东师范大学，2007：41-55.

❸ 傅霜. 高校学位授予仪式的教育价值研究——以 C 大学学位授予仪式为例 [D]. 重庆：西南大学，2012：11-40.

❹ 李启波. 大学仪式研究——以毕业典礼为例 [D]. 南京：南京师范大学，2014：35-60.

❺ 于鹏飞. 课堂教学仪式的社会学分析 [D]. 曲阜：曲阜师范大学，2004：10-36.

❻ 余清臣. 论教学活动的仪式性 [J]. 中国教育学刊，2006（2）：38-41.

❼ 史宏杰. 社会学视角下小学课堂教学中的仪式研究 [D]. 南京：南京师范大学，2012：12-36.

（2）仪式类型归纳

仪式是在人类发展的过程中逐渐形成的，对人类的生存、发展和延续的重要性不言而喻。毫不夸张地说，仪式遍布于人类社会生活的每一个角落。

①仪式的分类。罗伯特·F. 莫菲将仪式分为时历仪式和通过仪式。❶此外，石川荣吉将仪式分为"例行节日和活动的仪式；通过礼仪或人生礼仪（例如诞生、命名、成人、结婚、丧葬等）；状态仪式（消除灾祸的仪式）"❷ 三类。但在人类仪式划分的问题上，比较具有代表性的当属格兰姆斯，其将仪式详细划分为"仪式化、礼仪、典礼、巫术、礼拜和庆典"❸六种类型。王铭铭、潘忠党根据仪式形态和外现形式，将仪式分为家祭、庙祭、墓祭、公共节庆、人生礼仪、占验术等❹。此外，李育红、杨永燕从文化的视角将仪式划分为模仿型、正面型、反面型、祭祀型、日常行为型或礼仪型、各种节庆和人生礼仪型等六种类型。❺

②学校仪式的分类。李万龙从狭义和广义两种角度对学校仪式进行了界定和表述。其认为，狭义的学校仪式仅指学校中具体的仪式典礼或活动，如开学典礼、升旗仪式等；而广义的学校仪式涵盖着学校场域中存在的一切具有象征意义和角色分配的社会行为，如课堂教学等，当然也包括狭义的学校仪式。❻薛国风也坚定地认为学校仪式应该是广义上的，应该包括日常的生活礼节性仪式和繁杂隆重的各种典礼性仪式。其将学校仪式分为庆祝性、通过性、传承性、纪念性和日常性五大类。❼余清臣采用还原的方法，将学校种种仪式还原到日常生活经验，并从文化意蕴形态原型

---

❶ 罗伯特·F. 莫菲. 文化与社会人类学引论 ［M］. 王卓君，吕迺基，译. 北京：商务印书馆，1991：227 - 234

❷ 转引自许娜. 学校文化视角下的学校仪式调查 ［D］. 天津：天津师范大学，2013：17.

❸ 薛乙兵. 对仪式现象的人类学解释（上）［J］. 广西民族研究，2003（2）：26 - 33.

❹ 王铭铭，潘忠党. 象征与社会——中国民间文化的探讨 ［M］. 天津：天津人民出版社，1997：91.

❺ 李育红，杨永燕. 文化独特的外现形式——仪式 ［J］. 广西社会科学，2008（5）：202 - 205.

❻ 李万龙. 学校仪式文化建设的误区与建设取向 ［J］. 基础教育参考，2010（11）：56 - 58.

❼ 薛国风. 仪式与学校文化建设 ［J］. 基础教育研究，2010（19）：10 - 11.

的角度将学校仪式划分为祭祀、人生、战争和狂欢四种类型。❶ 许娜将学校仪式分为仪式化、礼仪、典礼和庆典四种类型。❷ 吴爱菊将学校仪式研究的关注点转移到高等学校方面，将高等学校仪式分为通过性、纪念性、竞争性和礼仪性四类。❸

（3）仪式主体关涉

正如前文所表述的那样，仪式是基于人的，仪式是人为创造的一种信仰表达镜像和情感互动场景。仪式中的主体性或主体间性是任何研究仪式问题都无法回避的根本问题。学校仪式自然也不例外。朱育菡把小学学校作为仪式主体进行研究，指出其现状和存在问题，并从内容设计、方法选择、途径安排和评价实施四个方面进行策略建构。❹ 鲍婷是从文化学和社会学的视角对小学阶段仪式教育进行分析，也提出了相应的应对策略。❺ 只有史宏杰是围绕课堂教学仪式境域中教师和学生两大主体的语言、肢体、情感、关系、角色等维度进行呈现和解释的。❻

（4）仪式功能探求

仪式作为一种兼具信仰表征、情感互动和信念凝聚的社会行为，在人类生存和发展中具有无法比拟和不可替代的价值和功能。而作为人类社会特有的学校仪式功能，更是意义非凡，影响深远。

①功能类属。第一，教育功能。学校作为促进人社会化和提升人社会地位的组织和场所，仪式最核心也最直接的功能理当是教育功能。潘梅在对日本现代学校成人礼仪式进行研究时指出学校仪式更深刻的价值在于隐性的德育功能，并将其分为成人角色教育、民族认同感教育和生命/实践

---

❶ 余清臣. 学校文化的载体：仪式建设［J］. 教育科学研究，2005（8）：22－24.
❷ 许娜. 学校文化视角下的学校仪式调查［D］. 天津：天津师范大学，2013：17－20.
❸ 吴爱菊. 高校校园仪式的思想政治教育功能研究［D］. 武汉：华中师范大学，2015：17－19.
❹ 朱育菡. 小学阶段仪式教育研究［D］. 上海：上海师范大学，2011：22－63.
❺ 鲍婷. 小学阶段仪式教育研究［D］. 西安：陕西师范大学，2013：9－52.
❻ 史宏杰. 社会学视角下小学课堂教学中的仪式研究［D］. 南京：南京师范大学，2012：12－25.

教育。❶ 第二，文化功能。学校仪式作为一种程序化、规范化的社会行为，一直留存在学校发展的历史脉络中。从某种角度来看，学校仪式不仅仅是一种客观存在，还是一种再生产过程。特纳曾对仪式的作用进行过这样的表述："仪式不仅是控制过程，而且是形成过程。"❷ 不仅如此，艾伦·肯尼迪（Allan A. Kennedy）等在对企业文化进行阐述时也指出，"在每种仪式背后，都有一个体现了文化核心信念的寓意。"❸ 此外，麦克拉伦（Mclaren）也提及："仪式是文化生产的一个关键，因为文化在根本上是由相关的仪式和仪式系统所构成的。"❹ 在学校场域中，学校仪式的主要功能和价值是塑造一种积极、团结的学校组织文化和氛围。第三，社会功能。从某种程度而言，学校仪式是一种具有特定行为和情感表达的社会行为和群体性活动。在某种意义上，仪式具有增强机体情绪和社会整合现象的作用。王海英明确指出，仪式活动的集中性、情境性和象征性，在一定程度上有助于缓解甚至消除结构和关系的不平等性、差异性和矛盾冲突，实现相应的平衡。❺ 兰德尔·柯林斯在其著作《互动仪式链》中将仪式的核心表述为："仪式的一个主要结果是赋予符号对象以意义性，或者重新赋予这类对象以全新的表示尊敬的思想情感。"❻

②功能性质。众所周知，任何事物都具有两面性，学校仪式自然也不例外。从性质取向的角度来看，学校仪式显然也可以分为正向功能和负向功能。一方面，正向表彰功能。曾昭皓将学校仪式正向功能表述为文化教

❶ 潘梅．论仪式中的隐性德育——以日本现代成人礼为例［J］．基础教育研究，2010（4）：9－11.

❷ GRIMES R L. Beginnings in Ritual Studies［M］．Columbia, S. C, University of South Carolina Press，1995：11.

❸ 特伦斯·迪尔，艾伦·肯尼迪（Allan A. Kennedy）．企业文化——企业生活中的礼仪与仪式［M］．李原，孙健敏，译．北京：中国人民大学出版社，2008：62.

❹ MCLAREN, P. Schooling as a ritual performance：Towards a political economy of educational symbols and gestures［M］．London, Boston and Henley：Routledge & Kegan Paul Books, 1986：46.

❺ 王海英．构建象征的意义世界——学校仪式活动的社会学分析［J］．当代教育科学，2007（14）：15－19.

❻ 兰德尔·柯林斯．互动仪式链［M］．林聚任，王鹏，宋丽君，译．北京：商务印书馆，2012：66.

育功能、社会教育功能、伦理教育功能和思想教育功能。❶ 余清臣也明确指出学校仪式在学校文化建设过程中的重要价值和独特意义。❷ 另一方面，负向功能潜在。有少数学者对学校仪式教育的负向功能进行了探究和分析。倪辉在对学校仪式现象进行审视和反思之后，尝试着从批判的视角梳理出学校仪式偏离教育本真的原因和影响因素，并指出学校仪式不当会对学生产生征用功能和支配功能，使得仪式教育的功能或价值过于功利化和狭隘化。❸

（5）仪式实效论证

张丽丽以某所小学为研究个案，剖析出学校仪式教育与社会发展现实的严重脱节、学校仪式意义的欠缺、学校仪式目的不明确、学生主体地位的缺失和评价体系缺乏等影响仪式实效的因素。❹ 袁颖也明确指出中小学学校仪式形式化的问题。❺ 尽管研究学校仪式实效性的文献资料并不是很多，但从现有的些许资料和笔者工作实践经历来看，仪式确实存在于学校教育的各个场景，但实效性如何值得每一位教育工作者进行反思和考量。

（6）仪式管理诊断

学校仪式是一项复杂、系统的人为性工程。每一项学校仪式的组织和开展，均会涉及学校多个科处室和广大师生员工，需要占用大量的教育资源。从某种程度来说，学校仪式是一个群体性的教育工程。范楠楠从学校仪式管理的内涵、理念转变（从差异求共通）、价值分析（必要性、重要性与可行性）、机理与策略、保障与强化等方面对学校仪式管理问题进行探究和分析。❻ 周瑶从仪式的概念、教育价值等方面对学校仪式管理问题

---

❶ 曾昭皓. 论仪式教育与学风建设 [J]. 今日南国（理论创新版），2008（7）：70–71.

❷ 余青臣. 学校文化的载体：仪式建设 [J]. 教育科学研究，2005（8）：22–24.

❸ 倪辉. 大学仪式的形态、特点及功能：道德教育的视角 [J]. 华东师范大学学报（教育科学版），2012（3）：29–33.

❹ 张丽丽. 校园仪式开展的实效研究——以 X 小学为例 [D]. 重庆：西南大学，2014：43–48.

❺ 袁颖. 中小学学校仪式的"形式化"倾向研究——基于学校德育的视角 [D]. 重庆：西南大学，2012：10–36.

❻ 范楠楠. 中小学学校仪式管理研究 [D]. 上海：华东师范大学，2012：18–83.

进行研究。❶

3. 学校仪式空间规训

（1）福柯其人及规训思想

在社会学领域谈及规训话题时，我们就会不约而同地想到一位大家，那就是法国哲学家、思想家和历史学家米歇尔·福柯（Michel Foucault，1926—1984）。福柯专注于运用谱系学方法来探究微观权力和空间权力化，可谓匠心独具，具有划时代的意义。在福柯微观权力的认知世界里，权力可以统治或掌控所有，权力与一切对象或事物都在缠绕和交织着。换言之，一切与人有关联性的组织、机构或场所都成为了权力运作的载体和操控对象。正是如此，福柯开启了"微观权力规训社会"新时代，规训思想及其主张向一切事物和对象宣示着存在和价值。

"规训"一词出自福柯的著作《规训与惩罚》。在这本著作中，福柯深入研究并充分揭示出规训对个人的"培育"或"造就"，其体现为一种为了"征用"而进行的权力化操纵和规范化训练，更多地表现为运用一系列技术手段来对人进行操控、利用和形塑。正如福柯本人所表述的那样："它是一种权力类型，一种行使权力的轨道。它包括一系列手段、技术、程序、应用层次、目标……它可以被各种机构或体制接过来使用。"❷ 在《规训与惩罚》一书中，福柯将身体控制、空间分配、活动控制、创生筹划和力量编排等借助层级监视、规范化裁决、检查等方法完整地融入"微观权力"和"规训技术"的系统之中。与此同时，福柯还明确指出，规训思想已经成为学校权力运作的一种基本事实和显著特征。学校规训是通过各种教育活动的设计、组织、运行和评价等进行权力约制和结果形塑的。在一定程度上来说，教育过程实则就是规训过程，教育实则是规训化教育。

（2）教育即规训

福柯规训思想自提出以来，一直活跃在教育领域，成为教育研究话题

---

❶ 周瑶. 学校中的教育仪式研究［D］. 上海：上海师范大学，2012：1-9、29-45.

❷ 米歇尔·福柯. 规训与惩罚：修订译本［M］. 4版. 刘北成，杨远婴，译. 北京：生活·读书·新知三联书店，2012：242.

中的"常客"。通过对文献资料的研读和分析，可以清晰地发现，其实在较早期的关于教育主题的文献资料和研究实例中，就有不少专家和学者对这种规训化、强制性的教育价值取向和教育方式进行了激烈的批判，法国思想家、教育家让－雅克·卢梭（Jean－Jacques Rousseau）就是较为著名和具有代表的一位。卢梭认为："儿童的种种天性在规训化的教育面前遭到摧残，儿童成为了教育的牺牲品。"❶ 在卢梭看来，学生那种鲜活、灵动的本性在学校的种种规训化教育面前被无情地碾压和摧毁，学生只是规训化教育的产品或牺牲品。不仅如此，作为西方教育学界极具批判性思想的保罗·弗莱雷（Paulo Freire）也对学校教育规训问题有过精彩论断。弗莱雷把学校规训化教育中那些受到规训和约制的群体视为"被压迫者"，并非常关注和十分忧虑教育中那些被压迫者的命运。弗莱雷认为：规训化教育实则反映和折射出的是一种压迫关系。❷

（3）学校教育规训

当谈及"学校规训"的观点和论断时，我们必须从教育最原初的本意表达进行探究和梳理。顾明远将教育内涵表述为"传递社会生活经验并培养人的社会活动"❸。我们还可以通过对古汉语中"教"和"育"的基本结构和象形表征进行理解性解读和阐释。"教"字最早见于甲骨文（见图1-4），左侧表示正在进殷商时代算术的儿童，即被教者；右侧表示立在一旁手持木棒或教鞭的先生，孩童稍有懈怠，先生便施加惩罚，象形意义明显。如《说文解字》所称"教，上所施，下所效也"；《说文解字》称"育，养子使作善也"。❹ 无论是顾明远对教育本义的界定，还是"教"字甲骨文的基本释义，无非都在表达这样一个基本观点：教育就是在前人的引导和约制下对人类生产和生活经验进行习得的过程。换句话说，教育即习得和传承，从这种语境来说，教育显然具有强制性、受制性和限定

---

❶ 董长旭．"教育即规训"——福柯的教育观述评［D］．苏州：苏州大学，2015：1.

❷ 保罗．弗莱雷．被压迫者教育学［M］．修订版．顾建新，赵友华，何曙荣，译．上海：华东师范大学出版社，2014：7，15.

❸ 顾明远．教育大辞典：增订合编本［Z］．上海：上海教育出版社，1998：725.

❹ 顾明远．教育大辞典：增订合编本［Z］．上海：上海教育出版社，1998：725.

性。由此可见，教育最本义的内涵就具有规训的意蕴和表达。

图1-4　殷商甲骨文"教"字

在教育社会学视角下关涉"规训"主题话语时，我们必须回指到法国社会学家米歇尔·福柯的语境。福柯认为，在学校等组织和场所的各个环节中存在着规训化权力的运作及影响。石艳明确指出："学校，作为社会组织，是一个特殊的社会空间形式。"其认为，留存于学校教育现场中的围墙、校舍、讲台、桌椅等实体物质形态的客观性存在，却被人为地赋予新的意涵性边界和表征性功能，表现出复杂的空间区隔、权力结构和力量关系。❶ 董长旭指出，规训化教育实则是为了满足征用需求而训练人。❷ 此外，金生鈜在其著作《规训与教化》一书中明确指出："现代性教育试图用规训的技术、规训的道德、规训的知识为人们装备上最具有生产力的功能，教给我们获取各种利益的手段……仅仅是禁锢生命，阻隔爱。"❸ 从中我们可以看出，在学校教育境域中维持一定的权力关系是实然的。在一定意义上，福柯规训思想不仅为研究者更加全面、客观、理性地审视和解读学校教育的价值和功能开启了新的视域，提供了新的支撑，架构了新的技术，还能够帮助人们在规训化的学校教育空间境域中去真正接触、揭示、体认和解释"人"的生存状态和生活方式。

具有强烈规训化显著特征的教育活动在很大程度上都是在学校这一社会机构或空间场所中组织、开展和完成的。所以，专家和学者纷纷从不同学科、视角和理论背景对学校概念进行了基本界定和内涵表述，如"学校

---

❶ 石艳. 区隔与脱域——学校空间管理的社会学分析 [J]. 教育科学，2006（4）：23-25.

❷ 董长旭. "教育即规训"——福柯的教育观述评 [D]. 苏州：苏州大学，2015：1.

❸ 金生鈜. 规训与教化 [M]. 北京：教育科学出版社，2004：364.

是指专门进行教育的机构"❶，"学校是人类进行自觉的教育活动，传递社会知识文化，有目的、有计划、有组织的为一定社会培养所需人才的机构"❷ 等。通过对以上观点进行汇总、比较和分析后发现，教育的规训化特征已经最大限度地植入、展现和具身到学校教育的每个环节和各个角落。基于此，本研究通过对"学校规训"文献资料的梳理和归类，根据研究重点的定位和研究主题的选取，尝试着将其分为两大方面——规训主客体的冲突和规训内容的具化。

规训主客体的冲锋和较量。无论是从基本内涵、构成要素、活动实施、功能彰显和结果形塑的任何一个环节或角度来看，教育或学校教育都是需要主客体的，规训化的学校教育自然也不会例外。从目前的研究文献资料来看，学校教育规训中的主体和客体的设置定位与学校教育中的教育者（教师）和受教育者（学生）的群体划分有着高度的对应性和重合性。刘铁芳从人类伦理学的视角，审视和批判了学校教育对学生身体的约制、思想的禁锢、个性的碾压和生命的摧毁，并深刻剖析和详细阐述了"生命的规训与引导""生命的失语与叙说"。❸ 马维娜借助布尔迪厄"场域"的相关理论，呈现出规训化教育场域中"弱势群体"的多种生存境遇。❹ 此外，湛卫清也尝试着从"人权"的视角对规训化、制度化和权力化的学校教育中人权问题的现状及归因进行揭示和批判。❺ 当然，与此同时，我们也发现，只有极少数研究文献对规训者身份的多重性进行了考量、细化和分类。如栗芬在对教师规训者身份进行揭示和诠释之余，还对教师角色中被规训特性进行了突破性分析。❻ 这是对规训化学校生活"人"的研究视角的理性叩问。

---

❶ 中国社会科学院语言研究所词典编辑室. 现代汉语词典 ［Z］. 7 版. 北京：商务印书馆，2016：1489.

❷ 顾明远. 教育大辞典：增订合编本（下）［Z］. 上海：上海教育出版社，1998：1822.

❸ 刘铁芳. 生命与教化——现代性道德教化问题审理 ［D］. 长沙：湖南师范大学，2003：135－239.

❹ 马维娜. 局外生存：相遇在学校场域 ［D］. 南京：南京师范大学，2002：1－3.

❺ 湛卫清. 人权与教育——人权视野中的教育问题探索 ［D］. 武汉：华中师范大学，2006：75－141.

❻ 栗芬. 教师：规训者与被规训者 ［D］. 桂林：广西师范大学，2008：13－48.

规训所指内容的具化。在"学校教育规训"这一研究领域中，规训问题具化到某一对象或具体事物是较为常态的现象，可谓司空见惯。因为任何研究都需要一定的着力点、依托和载体，那么这些被具化的事物或对象就是研究不可或缺的客观实体。在对目前"学校规训"研究文献资料进行汇总和研读后，根据学校规训所具化的具体对象、内容或事物，尝试着对其进行简单划分和归类（见图1-5）。我们清楚地看到，以"学校规训"为主题的相关文献资料，其研究对象或视域主要聚焦在制度、时间、班级、身体、学科（或课程）、自由、知识话语、仪式、宿舍和学校生活这十个层维。

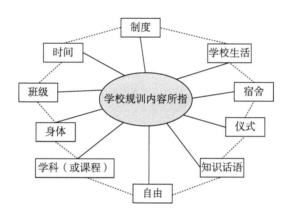

图1-5　学校规训研究内容的选取和具化

通过对学校规训所涉内容的梳理和分析，我们可以切实感受到福柯规训思想对学校教育的微观权力渗透和控制策略拓植，体悟到福柯规训思想对教育场域中"人"的规训化影响和功能化塑造。换言之，学校教育就是一种规训化的征用教育。

（4）学校仪式空间规训

"学校仪式空间规训"是一个偏正关系的组合词组，至少涉及"空间""规训"和"仪式"这三个核心概念。其中，空间作为一种意义和物质相结合的客观存在，具有结构化和分层性；规训是福柯微观权力思想和空间权力化的集中体现，尤其是福柯在《规训与惩罚》中对英国功利主义家边沁的远景敞式主义建筑的监视和控制功能赋予更多、更深的内涵和寓意之后，"空间"和"规训"的关系就越来越近了；而仪式从最初的宗教和神学领域也逐渐扩散到社会生活的方方面面，成为学校实现教育目的的一种基本手段和重要资源。基于研究问题，笔者在检索和查阅文献时，以"空间""规训""仪式"为单一关键词，能检索到大量的文献资料；但如果以"学校仪式空间规训"为单个主题词进行检索，却检索不到相关文献。通过前文对"学校空间""学校规训"和"学校仪式"相关研究文献的综述和分析，进一步表明三者处于并置但彼此剥离的现实境域（见图1-6）。这也恰恰从另一个角度说明，"学校仪式空间规训"是对以往关于"空间""规训"和"仪式"相关研究的新架构和新突破。

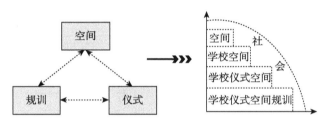

图1-6 "学校仪式空间规训"意涵关系转换

二、文献评述

（一）关于"空间"研究文献评述

目前，关于"空间"研究的文献资料较多，涉及的学科和领域也甚为宽广。学科领域和理论背景等的分化和差异，在一定程度上致使空间内涵的界定和表述也较为纷杂，很难形成一个具有广延性和普适性的空间概念。在这种思辨纷争中，空间也逐渐从一种知识或理论话语的思辨表达转向了由"权力操控和行动介入"的社会空间。在"社会空间"的大量研究中，则主要聚焦在空间的权力化、生产性、分层、属性和改造等方面，并且呈现出对象"宏大化"、体系"碎片化"、结论"虚无化"等局限和不足。

（二）关于"学校空间"研究文献评述

通过以上对"学校空间"相关文献资料的阅读、梳理和分析，研究者发现现有关于"学校空间"的研究存在以下局限或不足。其一，从研究实质来说，很多研究仅仅是把学校空间作为其研究的一个情境、背景或环境，很少对空间本身进行实质性的分析和探讨。其二，从研究内容来说，对学校空间研究的主题主要有学校空间内涵、结构、学校建筑、学校空间布局与改进、"人—空间—情境"互动、意蕴、权力分配等方面，研究主题较为分散，缺乏系统性和持续性。其三，从研究方法和手段来说，学校空间研究主要为思辨研究，研究方法多为文献分析法，缺少量化研究和质性研究相嵌套的混合研究。其四，从教育阶段和区域分布来说，现有研究主要集中在中小学义务教育阶段的学校空间进行研究；从区域分布来看，研究主要面向西北地区和农村地区的中小学学校空间。其五，从学校空间属性来说，现有学校空间研究主要集中在空间物质性和空间社会性，而空间表征性却很少触及，即使有个别学者进行了相关研究也较为浅显，缺乏规范性、系统性、创新性、适用性和实用性。

（三）关于"学校仪式"研究文献评述

基于前文所述，"学校仪式"研究现状，无论是从仪式内容的选取、仪式类型的归纳、仪式主体的关涉、仪式功能的诉求、仪式实效的论证，还是从宏观角度所开展的"学校仪式管理"的整体诊断，主要存在以下局限。首先，在研究理论视角方面，归结于仪式最早来源于宗教和神学，现有涉及"学校仪式"主题的研究主要从人类学、神学、宗教学、社会学、教育学等学科理论视角所展开。从某种程度上说，视角就是一种选择，具有狭隘性和排他性的。因此，现有关于学校仪式的研究自然也就无法全面、系统地对"仪式"进行全方位的考量和解释。其次，在研究视域方面，主要围绕义务教育阶段和大学阶段，直指普通高中教育阶段的研究文献相对较少。尽管少量研究有所涉及，但研究内容主要集中在升旗仪式和 18 岁成人仪式方面。最后，在研究内容方面，主要集中在成人礼、升旗仪式、毕业典礼、课堂教学等方面。研究内容取向过于偏狭且不够深入，往往针对某一社会事件或教育热点进行研究，缺乏研究的真实情境。

（四）关于"福柯规训思想"研究文献评述

基于目前所掌握的文献资料，对福柯规训思想的研究主要具有如下几个表征。其一，价值取向呈现出"一边倒"现象。众多研究者借助福柯规训思想，猛烈批判和抨击社会空间的权力化和组织结构的秩序化，批判和叛逆蕴涵浓重。这种价值取向和研究理路似乎只领会了福柯规训思想的部分旨意，缺少了科学研究基本的"整体全面性"。其二，对规训思想研究的视域选择主要是集聚在工厂、医院、学校等社会组织结构内，尤其是学校教育领域。通过对结构秩序、空间区隔、权力内化等现象和行为进行描述，来揭示和解释社会空间存在着权力化及其生产。但这样的研究视域，基本停滞于"权力的空间化"和"空间的权力化"现象的描述，很难实现由"权力化空间中的生产"向"权力化空间生产"的伟大转变和层次提升。其三，实践性逻辑不足。通过对大量规训主题的文献资料进行梳理和分析，不难发现，绝大多数的规训思想研究主要是遵照"现象描述—经验解释—理论建构"基本研究范式。这样的研究逻辑看似完整规范，却忽略了一个最基本的研究逻辑起点，那就是解决实践问题。众所周知，研究是基于问题的，终究是要回归到实践现场并服务于实践的。这是任何科学研究都应恪守的基本范式和理路走向。

（五）关于"学校教育规训"研究文献评述

通过对国内外关于"学校教育规训"研究文献的查阅、梳理和分析，发现存在以下共性的特征。第一，研究内容指向较多，对时间、身体、学校生活、学校制度、教育仪式、宿舍管理、知识话语、自由、学科（或课程）、班级规约等方面均有不同程度的涉及。但这也充分说明研究内容较为分散、凌乱和不系统，很多研究仅仅停留在经验认识和现象描述阶段，对表象问题很少甚至是没有进行持续的追踪研究。第二，研究视域主要聚集在义务教育阶段（小学和初中）学生群体在学校的日常生活，只有少量研究对大学生群体的宿舍规训化生活进行了关注。换句话说，高中生群体一直处于该研究领域的被忽略地位。第三，研究对象较为单一和集中，直接指向受教育者（学生群体），而学校教育的教育者（学校教育管理者和一线教师群体）却一直被人为地淡出该研究领域。第四，研究方法较为固定和单一，绝大部分研究采用质性研究方法，通过观察、访谈、实物收集等方法获取研究资料，对相关细节进行精准描述和深入刻画。第五，研究实效性不强。在现有的关于"学校教育规训"的所有文献资料中，在对"教育即规训"问题上基本形成共识，但如何进行化解、冲破或消除规训的限定和约制影响很少涉及，即便在少量的研究中有所体现，也基本停留在纸上谈兵的境地，缺乏可借鉴性和可操作性，实效性、适用性不强。第六，规训的"双重性"体现不明显。规训最原初的意指是规则训练。换句话说，教育与生俱来就具有"规则训练"的本征和秉性。而为什么在福柯微观权力的解读下，规训会如此"高调"地出现在社会学研究视域中？福柯将规训表述为"规范化训练"。通过适度的规范化训练不但可以很好地规避掉人作为动物的一些不良习性，还可以提高效率等。基于此，规训应该具有"二重性"。但在现有关于"规训"的研究文献中，"规训"是以"恶"的形象和功能出现在社会学和教育学研究领域中的，因此，对规训"二重性"的研究过于偏向"批判性"的否定。第七，在目前有关"规训"的研究文献中，都不同程度地对规训技术和手段进行描述和分析，但这些研究都局限于福柯所揭示和论断的层面。这在一定程度上表明，目前国内外关于"规训"的研究理路既源自福柯的规训话语，又深深局限于福柯的研究框架，缺少主动性和创新性。

（六）研究展望

基于以上对文献资料的梳理、分析和评述，本研究展望如下。

（1）研究层次方面。目前关于"空间""规训"和"仪式"的研究文献中，基本上都是单独对某一概念从整体方面进行描述、分析和解释。本研究把研究视域进一步聚焦和细化，集中在学校仪式空间规训。这是大量研究文献所不曾涉及的，即使在极少数研究中有所体现，也仅仅是一言概之，没有进行过系统性研究。

（2）研究对象和主题方面。本研究的思路灵感来自列斐伏尔关于"空间生产"的基本范式，从"学校仪式空间中的规训"转向"学校仪式空间的规训"。在本研究中，仪式空间是研究的真正主题，而不再是研究的一种情境或背景。

（3）研究视域方面。目前，关于"学校空间""教育规训"和"学校仪式"的研究文献绝大部分把研究视域集中到义务教育阶段，只有少量的研究把视域指向学前教育（幼儿园）和高等教育，而对高中阶段教育却涉及较少。因此，本研究将研究视域聚集到普通高中学校教育阶段，对承载着升学压力、家长希冀、社会期望和国家使命等多重关系和力量交织的普通高中学校仪式空间规训进行深层揭示和解释。

（4）研究群体方面。本研究的研究群体不再仅停留在学生群体，而是对教师群体、学校管理者群体和家长群体均有所涉及。

（5）实操策略建构方面。本研究作为一项具有"专业学位"显著特征的综合性研究，在对高中学校仪式空间规训进行揭示、质疑、批判和反思的基础上，从高中学校仪式空间规训现场对人的能动性表达和"人性回归"实操策略进行深入探究和理性建构，突出本研究在实践层面上所追求的实效性和适用性。这是目前其他研究文献的短板。

三、概念界定

（一）空间

正如前文所述，空间并非纯粹的存在，其是社会关系、权力拓植和行为互动等相互交织的社会化复合载体。基于此，本研究所涉指的空间是指由各种权力、关系、结构和秩序等所操控和规制的客观性存在，充当着社会行动和对象之间的媒介，是意义与物质的结合体。通常具有物质特征、社会效用和表征意义特性，从层维上可以分为空间实践、空间的表征和表征性空间，从形态上可以分为静态空间（结构性）和动态空间（程序性）。

（二）仪式

由于本研究是在社会学领域探讨"学校仪式空间规训"这个问题，因此将仪式界定为在一定情境或场合中发生的具有意义性表达的程序化活动和情感关注。通常具有表演性、象征性、欢娱性、凝聚性、惩罚性、赋予生命力和瞬时共有等特征。

（三）规训

鉴于福柯规训思想内涵的广延和边界的泛化等概况，本研究将规训表述为权力主体或权力执行者对个体或群体的身体、话语、知识和思想等进行操控、征用、规制和形塑的规范化操练或训练。常见的操练技术有身体控制、空间分配、活动控制、创生筹划和力量编排等，操练手段有层级监视、规范化裁决和检查等。

（四）学校仪式空间规训

在前文对空间、仪式和规训等理论知识阐释和核心概念界定的基础之上，本研究将学校仪式空间规训（见图1-7）界定为普通高中学校仪式空间依托权力、关系、秩序和结构等，运用身体控制、空间分配、活动控制、力量编排、创生筹划等技术和层级监视、规范化裁决和检查等手段，对个体或群体的身体、思想、话语、知识和行为等进行操控、规制、征用和形塑的规范化操练或训练，以实现权力主体的既定目标或期望结果。

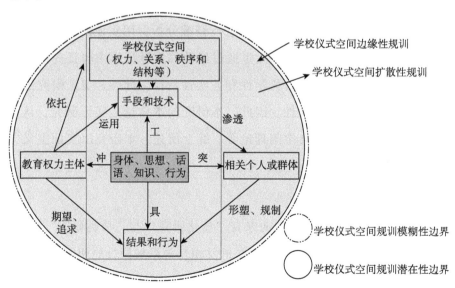

图1-7 学校仪式空间规训概念内涵示意

第三节　研究方法与设计

一、研究方法

（一）方法论辩护

从某种角度来说，方法论主要是指研究者在研究过程中所秉持的基本立场、假设和出发点，其最原初的意旨是要表明研究过程中要素及其相互关系的意义和逻辑。如果进一步细化，当具体到教育管理研究的领域时，其主要架构了"研究者、研究对象和研究方法"❶ 三者之间的逻辑关系和基本范式。本研究以科学方法论为指导，从各种"问题"开始，然后通过研究结果来对研究问题进行"证实"和"证伪"。证实，有助于我们对实存现象进行科学、有效的阐释；证伪，则需要我们对原有观点或结论进行修正和革新。在学科层面上，本研究以社会学方法论为指导，强调对教育场域中"人"的社会行为进行精准分析，用实证的方法研究教育现象。不言自明，实证研究注重通过经验和实际证据来验证先前所提出的假设或假定，因此具有科学性和务实性特征。此外，实证研究还非常重视理论与实践的关联性。因此，本研究的本体论是实证研究，认识论是福柯规训理论、社会空间理论等。综上所述，本研究以实证主义方法论为指导。

（二）研究方式

在实证主义研究阵营中，向来有"量化研究"与"质性研究"之分。"量化研究"注重通过大量的数据变量及相互关系来检验前期所提出的假设，进而得出相应的观点或结论；"质性研究"则注重研究者能够扎根到

---

❶ 张新平，褚宏启. 教育管理学通论 ［M］. 北京：高等教育出版社，2012：43.

研究现场，通过观察、访谈和收集实物资料等进行现象描述、理解性解释和理论建构。其实，多年以来，量化研究和质性研究始终代表着两种不同的研究范式和研究逻辑。但近年来，量化研究和质性研究相互嵌套和彼此印证日益成为一种跨学科、跨范式和跨逻辑的融合趋势。尽管两种研究方式之间存在着一定的差异性，但是在研究的具体实践活动中可能并不是如此泾渭分明，在"范式""方式""方法""技巧"和"资料"等层面都存在着相互渗透的情形。从一定程度上来说，二者是一个连续的统一体，它们相互之间有很多相辅相成之处，其连续性多于分歧性。

本研究采用质性研究方式，以社会学为研究视域，以社会空间理论、人类仪式学说和福柯规训思想为理论支撑，其优越性如下：可以在不同层面和角度对研究问题进行探讨；为研究设计的制定和收集研究资料方法的选择提供更广阔的空间和灵活性；使用不同的方法对研究结果进行论证和验证，可进一步提高研究结果的可靠性，提升研究质量和水平。

（三）收集资料的具体方法

在质性研究中，只要是能够为解决研究问题和实现研究目的服务的都可以是我们的研究资料。"资料"的丰富性、动态性和复杂性等，也就注定了质性研究收集资料的方法会多种多样。基于研究问题和质性研究方式的操作要求，结合研究单位和研究合作者的所处情境，本研究使用的收集资料方法有访谈法（结构式访谈和开放式访谈）、观察法（参与式观察和间接性观察）和实物收集法（文本类实物和非文本类实物）等。

二、研究思路

基于研究问题，本研究整体遵循了"提出问题—分析问题—解决问题"的基本思路（见图 1 –8）。

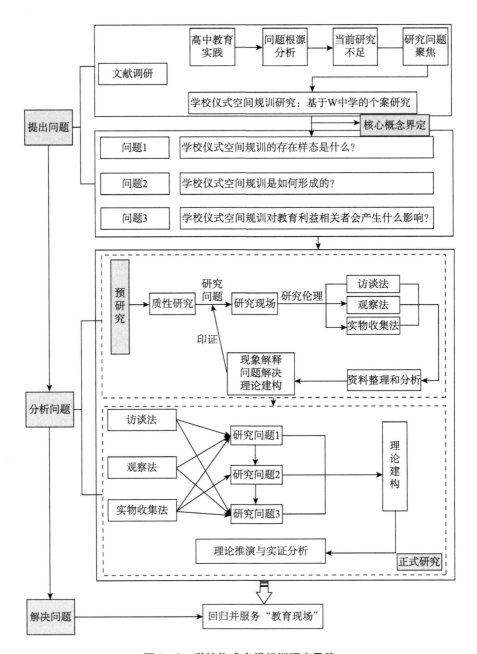

图1-8 学校仪式空间规训研究思路

三、分析框架

无论是研究思路的确立，还是分析框架的形成，在很大程度上都是研究者在对研究问题、研究目的、核心概念和研究方法等有了较为全面、系统和清晰的认识和理解之后所完成的。当然，研究思路和分析框架之间还有很大差异性。笔者基于对仪式空间、福柯规训思想等相关理论和现有研究文献的初步掌握，结合对所获取的研究资料的总体认知，在习得前人认知经验的基础上自行构建了一个分析框架（见表1－1）。之所以建构这样的分析框架，实则是为了更好地整理、归类和编码研究资料，并非框定性或限制性的。随着对研究资料的整理和分析，该分析框架会逐步得以充实和完善。由此可见，这个分析框架是动态的、逐步完善的，并非闭合的。通过动态的分析框架，研究者竭力全面、客观、真实地呈现出学校仪式空间规训场景或事件，对研究资料进行科学编码，生成概念树和建构观念网，进而深度阐释这些场景或事件背后的运作机理和结构关系等。

表1－1　学校仪式空间规训分析框架

分析层维	分析范畴	具体内容
样态	类型	空间向度、主体间性、意义表达等
	特征	时空、科技、商业、意象等
	策略	说教、惩罚、时间、空间等
	手段	监视、规范化裁决、文本记录、检查等
	结果	乖顺和抗拒
成因	外部	国家
		社会
		地方
	内部	关系建构
		运作方式
		意义呈现
影响	对象	学生
		教师
		学校管理者
		家长

分析层维	分析范畴	具体内容
影响	力度	强弱、关联、结构等
	特征	规模、频次、取向、实质等
	来源	权力（关系、秩序、结构、规则等）
	支点	身体、思想、言语、知识、行为等
	性质	积极性表现；如何强化？
		消极性表现；如何去化？

四、研究单位的选取和进入

（一）研究单位的选取

基于研究问题，结合目前我国普通高中学校教育现状，本研究在反复比较后最终选取了 A 省 F 市 W 中学（见图 1-9）为研究个案或研究单位（W 中学具体背景介绍见附件 1）。研究之所以选择 W 中学为研究单位，主要原因如下：首先，在众多的普通高中学校中，W 中学在办学方式、教育理念、管理模式、学校规模和社会影响力等方面均具有较强的典型性和同质性，能较好地体现和反映目前学校仪式空间规训的相关问题；其次，研究者与 W 中学校长私人交情较深（师生关系），该学校能够为研究的顺利开展提供有利条件；最后，W 中学不是研究者的工作单位，这有利于研究者以隐蔽的方式进入现场、开展参与式观察等研究活动，方便研究者以"局外人"的身份慢慢融入研究现场，进而体现出"文化主位"的思维方式和研究范式，最大限度地把研究者的"研究前设"进行悬置。总体而言，W 中学完全具备本研究所要求的特征和属性，是较为理想的研究个案或研究单位。

（二）研究现场的进入

2016 年 8 月，W 中学政治学科教师师资紧张（一位教师离职，还有一位女教师请产假）。经过多方协调，研究者争取到了进入 W 中学临时代课的机会。从 2016 年 8 月开始，研究者就以临时代课教师的身份执教 W 中学高二年级一个文科班级的政治课，直至 2017 年 6 月底，前后历时近 10

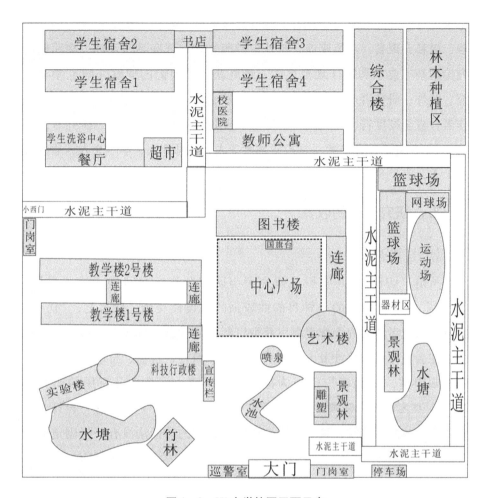

图 1 - 9　W 中学校园平面示意

个月，有较为充足的时间和较多的机会深入研究现场和接触研究合作者。为了保持价值中立和操作规范，研究者随机选取了研究单位高一（2）班（2016 级）为研究基点，并以校外听课教师的身份积极融入高一（2）班的各项班级管理活动中去，成为高一（2）班大家庭的一员。

（三）研究合作者的接触

在"临时代课教师"和"校外听课教师"双重身份的掩护下，研究者顺利地与高一（2）班的 61 位学生、14 位任课教师和学科组教师进行了有效接触和良性互动。同时，随着对研究单位的持续深入和周密观察，初步筛选出较为理想的研究合作者。通过与这些研究合作者私下多次沟通和接触，以私人聚餐、小组座谈、校外郊游等方式加强联系与互动，在明确研究伦理基本要求和操作规范之后，最终获得了他们的理解并同意参与研究。此外，研究者还以"人找人"（滚雪球式）的方式进一步扩大研究合作者，直至高度符合研究问题的需要。经过一番努力和坚持，研究者最终确立了28位研究合作者（学校管理者7人，教师6人，学生9人，后勤人员1人，家长3人，社区人员1人，包片教育督学1人）。

五、研究资料的收集

（一）访谈法

所谓"访谈"，其实就是研究者与研究合作者之间进行的"寻访""交谈"或"访问"的一种目的性较强的预设性交谈。换言之，"访谈"实则是研究者从研究合作者那里获取资料的一种路径或手段。鉴于社会科学往往会直接或间接涉及人的意识、意志、精神、价值、言语和意义等这一客观事实，"'访谈'便成为社会科学研究中一个十分有用的研究方法"❶。在实证研究领域，量化研究使用的访谈法主要是预先进行设计并具有固定结构的结构性访谈，但质性研究所采用的访谈法没有严格固定的时间、空间、维度等限定或界限。由于本研究采用的是质性研究方式，"访谈法"自然是必不可少的，确切地说是开放式访谈法。开放式访谈看似开放、随机、漫无目的的"闲聊"，实则是有着方向性的，就像漏斗一样，通过访谈把问题逐步细化和聚焦，进而获得最真实、自然、原始的研究资料。

根据研究需要，本研究先后对28位研究合作者进行了开放式访谈和半结构性访谈，具体情况如下（见表1-2）。

---

❶ 陈向明. 质的研究方法与社会科学研究［M］. 北京：教育科学出版社，2000：165.

表 1－2 开放式访谈相关信息表

访谈群体	具体研究合作者	访谈问题主题	访谈地点	是否录音
学校管理者（7 人）	M 校长	学校仪式空间规训认知、策略与手段、效果达成、自我角色定位、参与人员表现、转向路径等	食堂一楼	否
	L 副校长		16 路公交车上	是
	办公室 S 主任		科技楼三楼	是
	教务处 L 主任		G324 列车上	是
	政教处 Z 主任		办公室	是
	团委 H 书记		科技楼小会议室	是
	年级组 Z 主任		校园停车场	否
教师（6 人）	2016 级（2）班班主任 Z 老师	学校仪式空间规训认知、生活体验、班级学生参与学校仪式的表现、学校对仪式空间的管理策略与手段、效果达成、自我角色定位等	办公室；校园中心广场；教师公寓；学生宿管中心等	是
	2016 级（2）班课任 W 老师		教学楼②楼二楼备课室	否
	高二非高考科目 X 教师		体育器材室	是
	高三高考科目 S 老师		教学楼①楼五楼办公室	是
	校史馆 Z 老师		科技楼一楼印刷室	否
	教务员 H 老师		教务办公室	是
学生（9 人）	2016 级（2）班 Z 同学	学校仪式空间规训中的生活体验、存在状态、自我角色定位、策略与手段、对待态度、效果达成状况等	学生公寓①楼/科技楼	是
	2016 级（2）班 G 同学		教学楼②楼三楼连廊	是
	2016 级（2）班 S 同学		校园超市	是
	2016 级（2）班 L 同学		操场看台/宿舍楼楼下	是
	2016 级（2）班 D 同学		教学楼②楼一楼阶梯教室	否
	2016 级（2）班 M 同学		科技楼二楼厕所门口	否

续表

访谈群体	具体研究合作者	访谈问题主题	访谈地点	是否录音
学生 （9人）	2015级（5）班F同学	学校仪式空间规训中的生活体验、存在状态、自我角色定位、策略与手段、对待态度、效果达成状况等	校园网球场	是
	2014级（1）班W同学		学生会办公室	否
	2014级（14）班C同学		校园租房处	是
后勤人员 （1人）	门卫师傅	对学校仪式空间规训的认同	门岗休息室	否
家长 （3人）	C同学父亲	对学校仪式空间规训的认知，参与学校仪式活动方式、体验、角色和效果，对待学校仪式的态度，参与效果状况等	校外租房处	
	H同学母亲		学校大门口	
	W同学母亲		16路公交车调度场	
社区人员 （1人）	C同学的租房房东	对学校仪式活动的开展情况（类型、频率、参与状况等），体验如何？有什么影响？效果怎么样	出租房	否
包片教育督学 （1人）	F市教育督导（包片W中学）L督学	对学校仪式空间规训的认知、策略、手段和效果，人的生存样态如何以及如何破解等	督学办公室	否

　　同时，本研究针对访谈合作者身份的不同进行了相应编码，以便更好地进行区分、比较和分析。通过开放式访谈，进一步掌握和获取了研究合作者的意识判断、价值观念、情感体认、话语表达和行为规范等信息资料。这些资料的掌握和获取，既为我们提供了研究实据，也提供了一个较为宽广和系统的视域。

（二）参与式观察法

观察不仅是人们体认世界的一个基本方法和手段，还是人们开展科学研究活动的一个基本路径和依托。不仅如此，观察既包括观察者身体感知器官对周围世界进行感知和察觉的过程，还包括观察者头脑进行积极思考和运作的过程。正如陈向明所表述的那样，"观察不只是对事物的感知，而且取决于观察者的视角和透镜"❶。参与式观察法需要研究者扎根研究现场，与研究单位和研究合作者进行近距离、长时期的接触。这就意味着研究者不但要深入研究现场，还要持有价值中立的研究立场、敏锐的观察力和专业的观察记录。由此看来，参与式观察法是研究者以"局外人"的身份持续深入研究现场的过程，观察资料的收集与获取也是一个周期的历程。研究者通过近距离、长时期、微聚焦的方式，以价值中立或无涉的立场与态度，对研究合作者的言行、对研究单位的实存现象进行多角度、立体式、专业性的观察和记录。

根据研究需要，本研究中的参与式观察根据观察区域的不同，分为如下几种情况（见表1-3），并预先设计了观察提纲和实地参与式观察记录表（见表1-4）。

表1-3 参与式观察相关信息表

观察区域	观察对象	观察事件	观察地点	是否录像
学校内部	学校管理者	学校仪式的设计、组织和参与；学校接待仪式等	办公室；校园中心广场；学校大门口；会议室等	是
	教师	学校仪式、课堂教学仪式、学生活动仪式的参与和表现；学校仪式空间规训的生活体验和生存状态等	办公室；教室；校园中心广场；教职工会场；教学楼连廊；教师活动中心等	是
	学生	学校仪式空间规训的生活体验、生存状态；对待学校仪式的态度及行为表现等	教室；老师办公室；校园中心广场；教学楼厕所；校园超市；食堂；运动场；学生宿舍；学校大门口等	是

❶ 陈向明.质的研究方法与社会科学研究［M］.北京：教育科学出版社，2000：227.

观察区域	观察对象	观察事件	观察地点	是否录像
学校内部	后勤人员/大门门卫	学校仪式空间规训的生活体验和生存状态；对待学校仪式的态度及行为表现；学校仪式对他们的影响等	总务处休息室；校园垃圾中转点；大门门岗等	否
	家长	家长会；班主任约谈；家长委员会会议；大型展示活动等	艺术楼二楼报告厅；会议室；校园中心广场；班主任办公室等	是
校外社区	租房陪读家长	学校仪式活动开放程度与影响状况（入学仪式、家长会、教学开放周、成人礼、毕业典礼等）	租房处	是
	出租房房东		学校正对面社区	否
	接送孩子家长		学校大门口	否
学校周边辐射带	教育行政部门督学	学校专项督导评估活动	教学楼；会议室	否
	学校片区房产企业等	房产企业、餐饮酒店等宣传活动	房产楼盘销售中心；酒店餐饮等大堂	是

表1-4　实地参与式观察记录表

观察对象	
观察事件	
观察时间	
观察地点	
观察点示意图	

记　录　内　容

事件笔记：

方法笔记：

理论笔记：

本研究通过事先设计出详细的观察提纲、规范的实地观察记录和清晰的观察点示意图，最大限度地减少有效信息资料的流失。本研究之所以采用长期的参与式实地观察法，主要原因在于"从扎根在人类日常生活的有关事实中发掘实践性真理和理论性真理"❶。因此，这就需要研究者要将研究问题放置在研究对象所处的社会情境和文化背景之中，要融入当地当时的境域之中，要融为一体。只有这样，研究者方能对研究单位所发生的现象和行为及其互动关系等有较为全面、真实和直接的了解。

（三）实物收集法

在质性研究中，获取研究资料的方法除了访谈法和观察法之外，比较有代表性的还有实物收集法。质性研究中的"实物"杂多，如与研究问题有关的文字、图片、音像、物品等。当然，这些实物既可以是自然存在的物，"可以是人工制作的东西，也可以是经过人加工过的自然物"❷。众所周知，任何一件实物都不会凭空出现，均有其存在的情境和缘由，与其所处的情境背景密不可分。换句话说，任何实物都具有"合同"的性质，即表现了社会上某些人相互之间或者人与环境之间的一种"契约"。本研究立足研究问题，需要收集的实物资料很多，需要通过单位部门、网络、个人等各种渠道进行收集和汇总，并对实物资料进行分类和编码。

研究者深入研究现场历时近 10 个月（2016 年 8 月至 2017 年 6 月底），收集了大量的实物资料。经过对这些实物资料的初步整理和归类，可以分为文本类和非文本类这两种方式。

第一，文本类实物资料。质性研究中，常见的文本类实物资料主要指文字类的文本或文档，可以分为正式和非正式的两种类别。正式的文本类实物资料有教育行政部门和学校的官方文件，学校报纸和统计类资料，学校各种管理制度章程和活动方案，学校管理者（校长、中层班子等）、广大教师（一线普通教师）和学生的讲话稿和谈话内容记录等；而非正式的文本类实物资料有教师的教育随笔等。本研究收集到的文本类的实物资料

---

❶ 陈向明. 质的研究方法与社会科学研究［M］. 北京：教育科学出版社，2000：232.
❷ 陈向明. 质的研究方法与社会科学研究［M］. 北京：教育科学出版社，2000：257.

如下（见表1-5）。

表1-5　文本类实物资料明细

提供部门	文本实物资料内容
办公室	学校发展规划；学校管理章程；学校大事记；学校大型庆典活动方案（省示范挂牌等）；教师招聘和职称评定；学校接待活动安排（领导慰问和上级检查等）
教务处	学生成绩表；学生成长档案；常规教学活动管理和评价方案；教师和学生考核方案；教师研训年度计划等
政教处/团委	学校常规仪式活动方案（入学、开学、升旗、毕业、成人礼、枇杷节、科技文化艺术节等）；班主任聘用和考核方案；学生管理手册；学生违纪处理决定等
2016级年级组	年级考试安排计划；研学活动方案；家长会内容记录；违规学生处理案例；教师课程表；年级学生日常表现评价方案等
学生	班级公约；日记本；检查书；班会记录本等
家长	手机短信；校方邀请函；家长会议程安排等
高一（2）班	班会日志；班主任工作手册；学生信息简明登记表；学生检讨书；学生成绩表；班级座位表；收缴违规物品等
财务科	学校大型仪式庆典活动费用明细；学校日常性接待经费明细等
校史馆	省示范批复文件；学校年鉴等
房产等企业	房产、酒店等企业宣传单等

第二类，非文本类实物资料。非文本类实物资料主要指通过人的视听觉所能感知到的材料，如照片、音频、视频和媒体网站等。这些照片、音频、视频和媒体网站，可能是学校官方提供的，也可能是研究者个人拍摄获取或借助第三方平台（宣传网站等）提供的。本研究所收集到的非文本类实物资料如下（见表1-6）。

表1-6　非文本类实物资料明细

收集渠道	非文本实物资料内容
学校官方	学校宣传片（视频）；省示范挂牌（图片、视频）；市领导教师节前慰问（图片、视频）；学校常规仪式活动（图片）；家长会（视频、图片）；学生社团活动（图片、视频）等

续表

收集渠道	非文本实物资料内容
研究者	学校常规仪式活动（图片）；枇杷节、远足拉练等仪式活动（图片、视频）；教师和学生校园生存状态（图片/视频）；教师后台的聊天（音频）；学生跑操（视频）；学校处理违纪学生（视频）；学生与班主任冲突（图片）；学生座次（图片）；校园标语（图片）等
学生	学校领导和班主任训话（音频）；班级学生自习课表现（视频）；学生宿舍熄灯后聊天（音频）；学生在厕所宣泄（音频）等
家长	家长会现场图片和视频片段；学校校讯通平台发布的短信；家长与班主任沟通时的电话录音等
督学	W 中学校园视导图片；座谈会录音等
第三方平台	F 市教育信息网：学校常规教育教学活动宣传报道（图片）等。W 中学百度贴吧、W 中学官方微信群等：校服（图片、视频）；食堂饭菜（图片、视频）；高效课堂（图片）；收费（图片）；宿舍空调（图片）；课间跑操（图片、视频）；网游（图片）等

此外，一个规范、完整的质性研究，需要对实物收集法所获取的研究资料进行询问，在立足现场情境的情况下，静心聆听研究合作者对材料的内心看法和真实表达。研究者务必要在尊重研究合作者真实表达的基础上对实物资料进行描述、分析和解释，并作出相应的判断和推理。

六、研究资料的整理和分析

在实证研究中，资料收集、资料整理和资料分析是系统性、循环性和互证性的，这三个步骤是互为一体、密不可分的。鉴于研究者对质性研究方式的现有认知水平和驾驭能力，还是严格遵照"先收集、后分析"的基本操作逻辑开展研究工作。

（一）资料整理和编码

在正式分析之前，先对收集到的研究资料进行初步整理和编号，寻找"意义"；随后进行登记，并在登记过程中寻找"本土概念"（如教师的"狗""机器""孙子"等；学生的"习惯了""无所谓"等）。在这里，研究者运用三级编码系统对研究资料进行逐级登记和归类（见图 1 - 10）。

在一级编码（开放式登记）中，研究者本着开放、全纳的心态对资料进行初步整理和编号，这是一个"打散重组"的过程；在二级编码（关联式或轴心式登记）中，研究者重点是要明确概念类属之间的关联性，并从情境中对这些概念或意义进行解释或解读；在三级编码（核心式或选择式登记）中，研究者从所掌握的概念类属中梳理出"核心类属"，建构出一个具有"提纲挈领"性的结构脉络，以便明确主线、建立联系和建构理论。

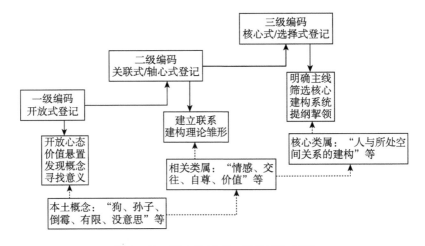

图 1 - 10　研究资料"三级编码"示意

（二）资料分析模式

研究者扎根研究现场近 10 个月（2016 年 8 月至 2017 年 6 月底），开展了大量的访谈工作，并以局外人的身份进行了参与式观察，收集了大量的文字、图片、音视频等实物资料。由于研究者与研究单位的相关老师和学生建立了良好的关系、就有了顺畅的沟通渠道和完善的互动机制，即使到了研究后期，仍然有不少研究资料断断续续传递过来。研究者充分利用 2017 年暑假，对所收集到的研究资料进行了仔细阅读、系统整理、详实归类和科学编码。在研究过程中，无论是收集资料，还是分析资料，研究者均做到了"局外人—局内人—局外人"的身份转换，对研究资料阅读、整理、归类和分析的过程，实则是与研究单位、研究合作者进行互动和对话的过程。因此，质性研究中的资料分析应遵循一个基本的互动模式或范式（见图 1 - 11）。在这样的互动模式中，资料收集不断得以充实和完善，资料整理不断得以细化和精确，资料分析不断得以循环和深入。由此可见，资料分析并不是一次性的、一蹴而就的，需要不断地循环互动和持续深入。当然，资料分析的循环互动和持续深入，在一定程度上也是研究者对收集资料进行甄别、选择、补充和解读的过程。

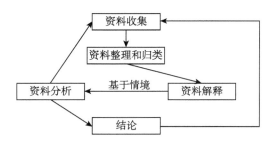

图 1 - 11 研究资料分析互动模式意涵

（三）资料分析方法：类属与情境相结合

基于研究需要和研究单位的情境，本研究对收集的研究资料采用情境分析法和类属分析法相结合的分析方式。情境分析法主要强调把研究资料的解释和分析放置在研究单位的真实、自然的情境中去，遵照现象或行为的客观顺序和基本逻辑进行呈现和阐释。换言之，也就是把研究资料揉碎和分解后再重新完整地组合起来，如"菜地"的兴衰史、"五好"评选风波和"枇杷节"等。情境分析法更加贴切地让我们感受到事件的真实性，通过对研究资料的描述、解释和分析，再现研究现场真实情境。但这种资料分析方法容易使我们陷入自我架构的描述和解释的旋涡中，往往很难作出客观、精确和科学的分析和解释。类属分析法则是强调在众多看似杂乱的研究资料中寻找出反复出现的现象或问题，把相同或相近的材料归为同一类别或类属。在这种语境下，类属分析法实则是研究者对研究资料的同一性和差异性进行比较和筛选的过程。例如，本研究所收集到的学生、教师、学校管理者和家长等教育利益相关者在学校仪式空间规训中能动抗拒行为的表现较为杂乱和繁多，但都集中在语言和肢体两大方面，进而从中提取核心观点和主要结论（见图 1 - 12）。但是，类属分析法作为研究现象的一种静态呈现和研究问题的一种截面分析，具有显著的片段性特征。通过对研究资料进行比较性的梳理和分析来解释某种现象或问题，显然是不够连贯性和系统性。这是类属分析法的固有弊端或不足。因此，为了有效规避这两种资料分析方法的弊端或不足，本研究将二者进行了有机结合。

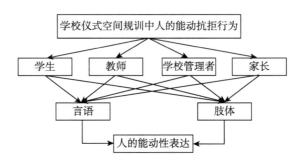

图1-12 质性研究资料类属分析意涵

（四）理论建构的方式

建构理论是社会科学研究的内在要求，也是研究结果的一个必然归宿。❶ 在质性研究中，理论通常被表述为三个层维，即他人已有的理论、研究者自身所掌握的理论和资料所呈现出来的理论。由此看来，对同一个问题、同一段材料，从不同的视角去体认和解释，会形成不同的理论。因此，质性研究中的理论建构是多元的。本研究的理论建构方式如下（见图1-13）。

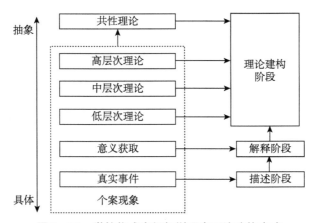

图1-13 学校仪式空间规训研究理论建构方式

---

❶ 陈向明. 质的研究方法与社会科学研究［M］. 北京：教育科学出版社，2000：323-324.

七、研究立场与伦理规范

任何一项科学研究都要遵守相应的研究范式或规范，而研究伦理则是研究规范的重要组成部分，也是开展科学研究活动的基本要求和操作底线。在众多的研究伦理中，"社会研究绝对不可能伤害研究对象，不论他们是不是自愿参与"❶。研究者对研究单位 W 中学进行了田野考察，分别对该校的校长、中层领导、教师、学生、家长和督学等进行开放式访谈，深入研究现场进行立体式观察，收集 W 学校的史料、制度、器物、符号等各种研究资料。研究中对伦理道德考虑是否全面、表述是否完整、立场是否坚定等将会直接影响研究合作者的参与意愿和参与程度，最终影响研究结果的质量。当然，从研究范式来说，坚持和秉承研究伦理道德是一位研究者所具备的核心学养和研究逻辑。首先，在研究过程中，研究者应提高警惕，最大限度减少价值前设、研究心得、情感色彩等对研究个案和研究合作者产生的外部影响，将研究"前设"进行悬置。其次，本研究在进行访谈、观察和收集实物资料时严格遵守"自愿原则""保密原则""公正合理原则"等基本研究伦理道德。最后，在本书中所出现的有关"学校仪式空间规训"的照片、图例、文本及相关说明，均以匿名的形式出现并且进行了适当的技术处理。

八、预研究

在实证主义研究范式中，为了最大限度地保证研究的可行性、科学性、规范性和价值性，通常都会在正式研究之前进行预研究（量化研究称之为预测研究）。在一定程度上，预研究就是研究的预演和检测。这样的预演，能够有效地明晰问题、理清思路、规范操作、检测方法、印证假设和查找不足等，为随后开展正式研究提供宝贵的借鉴意义和指导价值。

研究者在博士一年级春季学期时（2016 年 2 月至 6 月）主修了朱志勇教授的"质性研究方法"课程。在整个课程学习期间，对质性研究的基本

---

❶ 艾伦·芭比. 社会研究方法基础［M］. 4 版. 邱泽奇，译. 北京：华夏出版社，2010：30.

范式、实施要求和表达方式有了较为全面的理解和运用。研究者借助此次课程研修机会，围绕本研究的研究问题与朱志勇教授进行了多次沟通和交流，并以 S 中学为研究单位进行了预研究。在本次预研究中，严格遵循质性研究范式和研究伦理规范，先后深入研究单位 4 次，开放式访谈 17 人，参与式观察 36 处，收集实物 144 件。在对研究资料进行研读和梳理之后，运用类属分析与情境分析相结合的方式对所收集到的研究资料进行分析，并得出了相应的研究结论。通过预研究的实施，本研究的研究单位的择取、研究问题的确立、进入现场的方式、研究合作者的遴选与沟通、研究方法的选择、资料分析方法的使用、研究结论的生成等方面均进一步得以验证和规范，存在的问题也得以显露出来。通过对预研究中显露出的问题或局限进行积极解决和有效改进，进而使得本研究操作更加规范、结论更加科学、成果更加有价值。

第二章　学校仪式空间规训的样态形塑

人的灵魂的历史现实是生于被束缚与被监视。

——（法）米歇尔·福柯

福柯曾多次公开表述过，人，无论你身处何时、何地，总会发现自己始终受到规制和形塑。规训化权力以其严密、分散、细化的方式深深地嵌入社会的每一个角落。事实上，极具边沁"全景敞视主义"❶ 特点的学校，素来具备较强的规训化体系或机制，以便于使得学校场域中的每一个人都能很好地成为规训化权力所征服、支配、利用和形塑的对象或符号。在学校仪式空间规训的实践中，无论是类型的梳理、特征的显现、策略的实施、手段的选择，还是结果的呈现，都对学校仪式空间规训权力的存在、运作和产出进行着日常呈现和自我言说。

第一节　学校仪式空间规训境域中身体的镜像

学校是社会发展、时空压缩和人类存在的载体、缩影和外现方式。学校究竟发生过或者正在发生着什么？那些曾经视为传统的、熟悉的、顺理成章的、理所当然的学校景象到底在隐喻和指征着什么内涵？学校场域中

---

❶ 米歇尔·福柯. 规训与惩罚：修订译本 [M]. 4 版. 刘北成，杨远婴，译. 北京：生活·读书·新知三联书店，2012：219 – 256.

人的地位、精神、身体和话语存于何处？因此，我们在正式进入学校仪式空间规训问题的讨论之前，首先要对身体的知识和表征进行梳理和分析。在某种角度上，人的身体是人本身存在的外现客体，身体存在的境域实则是人生存命运的真实反映和生动写照。即使是由物质和意义相结合的学校仪式空间，其实也是由学校场域中日常生活的例行常规构成的。简言之，身体的空间性成了学校仪式空间共同在场的基础和载体。

一、身体的此在性

人作为一种实存主体，是客观存在着的。人的客观存在性不仅仅在于其意识的主观能动、工具的加工使用和价值的创造积累的存在，还在于其更外现和可视化的身体的实存。可见，从某种程度上来说，人的身体（肉体）是人自身的明证性存在和特征，身体的存在即是我自身的存在。可以说，身体是我们存在于这个世界的最有力见证和体现。事实上，我们时时、事事都在依赖着我们的身体。当然我们的身体也会深入地渗透到我们的经验和思维中去，"人的身体是人的灵魂的最好图画"❶。由于身体的存在，我们可以通过存在的身体来认识和理解自我的存在，此处的自我也就是我们的身体，身体也直观地宣示着我们自身存在的时间跨度和空间范围。换句话说，我们的意志、思维、精神和情感以及社会赋予的意义都是存在于身体之中，而我们的身体又是实存在这个世界之中，并时刻遭受它所寄存着的意志、关系和意义的约制和形塑。

二、身体的指征性

在古希腊哲学的视域中，身体与心灵一直是思想争鸣和理论关注的焦点。当时社会主流的理论主张认为心灵是美好的，身体是罪恶的，身体是导致人所生存世界的一切困苦和邪恶的源头。身体是可见的、易变的、短暂的和易逝的，在身体腐朽和消亡的时候，心灵却是不朽的、永存的。身体的存在和变化使我们越来越沉迷于可视化的表象，远离或偏离了隐晦的

---

❶　维特根斯坦. 哲学研究 [M]. 李步楼，译. 北京：商务印书馆，1996：272.

本质，只有心灵的存在才能有力地保证我们叩问本质的可能。也就是说，只有当身体被人的灵魂所操纵、驾驭或控制之时，生活方有可能是美好的、纯净的和良善的。由此可见，在柏拉图的思想观点中，显而易见地表达出心灵是高尚的，身体是虚假的、卑贱的和被否定的，身体是必须被心灵或灵魂所操控和掌握的。这在一定程度上也助推和造就了西方哲学对身体最基本的和最稳定的基调和定位，个体的生存与发展、命运与实践、社会良善生活的追求和缔造，都要围绕着"如何处置和框定人的身体"这一核心议题。基于此，身体也就沦陷为心灵、意志、真理和道德等所制约和区隔的实质奴隶和仆人。

随着中世纪禁欲主义的传播和盛行，身体陷入了较长期的沉寂、失语和迷失状态。身体的地位越来越卑微，身体的奴役性和罪恶感愈演愈烈。此时，奥古斯丁把灵魂表述为富有理性和适宜对肉体进行统辖的实体，而此在的人不过是一个能利用和操纵肉体的理性灵魂，仅此而已。换句话说，人的本性、命运、德性和实践不在于身体，而是取决于操纵和规制身体的灵魂。人只有搁置和存封自己的身体，释放理性的灵魂或意志，才能逃离欲望对身体的钳制和纠缠。甚至说，人的身体只不过是灵魂的一个暂居场所或载体。无论对身体进行何种规制和形塑，手段和方式如何惨烈，其最终目的还是为了拯救灵魂，使灵魂能够进一步得到净化和升华。这在无形之中为"身体的规训"披上了神圣化、合理化、合法化的道德外衣。

到了近代文艺复兴时期，随着科学的上位，长期处于存封和失语状态的身体也逐渐冲出禁锢，获得了一定的解放。对身体禁锢和挤占的神学和灵魂离去了，取而代之的是科学、知识和真理的冲击和发难。当时社会和学术的主要焦点和核心议题是如何获得知识。在这种社会时代和学术旨趣的背景下，获取知识的路径或手段已经不再是人的灵魂，而是被科学和真理所填充的人的内心世界，身体在这一路径更迭中发生了变化。身体的内在本能也在科学、知识和真理的激荡和钳制之下逐渐被解锁和放逐。笛卡尔作为一位唯心主义者，把人的客观存在局限地归结为思维之物，现在看来显然是不科学的。黑格尔在对绝对精神的基本表述中，把理性定位为世界的核心，是理性构成了世界的存在和本性，理性是脱域于身体的。在黑格尔绝对精神的认知世界和体系架构中，是没有身体地位的，整个世界都被概化为绝对精神，而身体不过是对绝对精神进行表达和诠释的载体。可见，人的身体逐渐被抽象为工具和符号，身体原本贴切、丰富的意涵和指征被忽视和遗忘了，逐渐被人有目的性地操纵、利用和规制。在工具理性和控制理性的双重羁押中，身体日益成为科学、知识和真理对象化的物质，人的生活、生命和生存也在物质化的过程中被计算、被操纵、被形塑和被规训。对人身体的操纵、计算、规训和压制也牢固地嵌入人与身体、身体与社会、社会与力量的复杂的控制关系网络之中。

三、身体的社会性

身体作为被知识所左右、被力量所操纵的社会存在实体，始终在经历着人类进步和社会文明的洗涤和筛选。身体的自我形成、认知建构、能力提升、功能开发和价值认定等都与社会有着密切的关联性。换句话说，在一定意义上，身体不再仅仅是自己的生物性躯壳的身体，而是被社会所操纵、利用、约制、形塑和创造的社会符号，是社会力量和社会意志的载体，满载着深厚的社会底蕴和意义象征。在这种语境下，身体是社会意义的载体，是社会的符号，是社会的象征，是对整个社会的隐喻。

身体的社会性表征是在人对社会权力、意志和控制的统辖模式中逐渐发展起来。人对过去那种身体伤害和生命危机的焦虑和恐慌被社会权力和意志所带来的胆怯所替代。此时，对人身体的控制力量也由外向内强加，进而演变为自身内在的生成。对身体的操纵和规制不再是片面依靠外力的强弱大小，而是表现为人对社会危险和恐惧的严格限制和意涵指征。在意志、权力和关系构建的人类社会中，需要人们对意志表达、身体区隔和行为操纵技巧或技术的遵守和认同。这一点，我们可以从古代封建社会官服颜色、图案和配饰等所指征的对人和人的身体的分类和区隔加以认识。从某种角度来说，对人的区分和阻隔，不再是人的身体，而是身体之外被社会所建构和赋予的社会性象征。基于此，人身体的内在自我管理，逐渐陷入外在社会的规制和形塑。此时，身体的自然性被社会性所湮没。人的社会性的身体成为行为规则、地位区隔和价值认定得以展示、呈现的场所和载体，是意志、权力和关系重构社会结构和社会秩序的重要条件和基本元素。简言之，正如安东尼·吉登斯所描述的，"身体实际的嵌入，是维持连贯的自我认同感的基本途径"。❶ 基于此，身体成了社会的衍生物和承载体。无论如何，社会性已经在身体上得以铭刻。

四、身体的技术性

基于身体社会性的阐述界说，我们有充足的理由相信，身体是完全可以被社会所规制和形塑的。至于社会对身体规制和形塑的权力、技术或手段，在法国思想家米歇尔·福柯那里可以寻找到我们所要的答案或结果。在福柯微观权力和规训思想的认知世界中，身体是所有社会权力和关系作用的焦点和依赖，是权力和关系进行控制和规训的第一现场。此时的身体，不再是隐蔽的和晦涩的，而是完全暴露在微观权力的显微镜之下，接受着精心计算和全面审查。身体在这种权力渗透和盘剥之下，逐渐被程序化和技术化，在身体、权力和技术之间建立了关联和互动。在这种情况下，权力对身体实施着零散的、片域化的操控和规训。权力此举的目的不在于操控对象的能力提升和强化征服，而是要建立一种关系或机制，使身体更加有用和驯顺。微观权力和规训思想对身体的高度渗透、细致审查、全面监督、层层监视，无不彰显出技术的存在性及其合理性，充斥在社会组织或结构的每一个角落。结合福柯的观点和主张，我们可以将身体的技术性归纳为以下四种。

（一）空间的分配

此处的空间仅仅指涉身体行为方面，比如身体行为的存在位置等，而不是与时间相对的那个空间。正如前文所述，要想对身体进行操控、约制、规训和形塑，那就首先要将身体置于一个相对封闭的、可以计算和测量的空间，并且要根据技术性要求对空间进行目的性的灵活区隔或划分。为了有效防止身体的肆意窜动和杂乱聚集，根据一定的功能诉求和区隔原则，将对每一个身体进行系统编码和位置固定。通过这种身体的空间分

---

❶　安东尼·吉登斯. 现代性与自我认同：现代晚期的自我社会［M］. 赵旭东，方文，译. 北京：生活·读书·新知三联书店，1998：111.

配，便于及时掌握每一个位置及其身体的出场情况和在场表现。同时，这也非常有利于对身体的监视、改造、规训和形塑，使其朝着权力和意志所设定的方向或结果发生改变。从某种角度来说，身体的空间分配其实是一种秩序编排、等级划分和类型框定的艺术。

（二）活动的控制

身体存在的机体价值在于其行为活动的有效性和对主体需求的满足性。而身体行为活动的有效性，往往通过生活节奏、生活方式表现出来。具体如下：

第一，对身体活动的时间性进行限定。对身体活动的时间做出严格、苛刻的限定和要求，在什么时间，身体可以做什么事情、出现在什么地方和节奏如何等均进行了细致的要求和精确的计算。在这里，权力通过对身体活动时间的严格限定，变成了身体活动程序化和模式化的精确技术，如学生作息时间表等。

W 中学夏季作息时间表

6：10　起床

6：10—6：20　整理内务

6：20—6：40　早饭

6：40—7：05　小早读

7：10—7：50　学科早读

8：00—8：45　第一节课

8：55—9：40　第二节课

9：40—10：10　课间广播操/课间跑操

10：10—10：55　第三节课

11：05—11：50　第四节课（高一、二年级12：00放学）

12：00—12：30　午饭

12：30—12：50　洗衣/洗澡

12：50—13：50　午休

13：55—14：30　午间自习

14：40—15：25　第五节课

15：35—16：20　第六节课

16：25—16：35　眼保健操

16：35—17：20　第七节课

17：30—18：15　第八节课

18：15—18：55　晚饭及课外活动

18：55—19：15　英语听力

19：20—20：10　晚自修一

20：20—21：10　晚自修二

21：20—22：30　晚自修三（高三年级23：00结束）

22：30—22：55　洗漱（高三年级为23：00—23：25）

23：00　宿舍熄灯（高三年级为23：30）

第二，对身体与动作姿势联结性的强化。为了最大限度地提高身体机能和运作效率，身体的每一个构件都要发挥作用，并且做到肢体与肢体、肢体与动作、动作与动作之间的高度联结和统筹优化，身体与动作姿势之间一定要保持高度统一性和精确性。身体与动作姿势的高度联结性是可以通过训练强化和教育培养实现的。因此，学校对课堂教学过程中学生的坐姿、胳膊、手和脚的摆放形态均提出了具体的要求。一旦学生身体形态和动作姿势发生了改变，便立即让其加以"纠正"。

第三，对身体与对象关系的塑造。在一定程度上，权力可以让身体与对象之间保持着高度连贯性和契合性，使"身体—对象"成为一个复合主体。比如，对医生来说，可以塑造"身体与手术刀"的复合体；对学生来说，可以塑造"身体与成绩"的复合体。

另外，随着权力对身体活动的限制和框定趋势不断加强，技术不断精细，范围不断扩大，层级不断深入，在权力的操纵和规训下，身体被极限化地榨取和透支，而权力本身也在这样的过程中由过去的被动演变为主动。

（三）创生的筹划

创生筹划技术将时间进行序列编排，调节时间和身体的联结，进而最大限度地保证在时间序列和累积过程中身体动作的娴熟性和顺畅性。或者说，在限定的时间跨度内，身体被最大限度地使用。在一定意义上，创生筹划技术是权力对身体进行精密规训的重要手段和技术保障。这种技术就是为了连续地、程序化地对身体进行控制和规训，并将任务贯穿始终。

（四）力量的编排

如果上述三个方面属于技术层面的话，那"力量的编排"便属于目标达成的保障。身体机体功能和潜在价值只有在高效率的机制中才能得到发挥和实现。力量的编排使原本散落的、孤立的和微弱的力量转化为整体性、生产性和纪律性，并建构了一套高精度的命令操控系统。有趣的是，这个命令操控系统的两端是规训者和被规训者，两个端点之间仅仅是一种符号化的传递关系。规训者符号发出后，被规训者不需要理解符号，只需要按照先前约定去接受和执行即可。在这样的一个操控系统和关系结构中，身体被框定在符号所建构的编码、传递和解码的世界中，每一个符号的设置都必然与一个身体行为相对应。

人的身体在社会权力和关系结构的不断自我建构中自动地被真实地使用和形塑。身体不再指涉人的单纯肉体，而是社会权力、意志、关系和秩序的集中表现和生动写照。身体是社会的，身体是权力的。

第二节　学校仪式空间规训样态的日常性呈现

一、类型梳理

（一）空间转换的向度

1. 入场：新生入学仪式

2016 年 8 月 16 日，是 W 中学 2016 级高一新生入学的日子。从前一天开始，雨就下个不停，这在无形当中增加了迎接新生的难度。但多年以来，W 中学迎接新生有一套固定的操作流程和基本步骤。在开学的当天，学校在大门口搭起了拱形彩虹门并悬挂"热烈欢迎 2016 级新同学"的条幅，在学校主干道和中心广场插满彩旗，学校喷泉开始喷水，所有迎新人员都穿正装（老师，夏季工装；学生，夏季校服）等。新生及家长到学校大门口时，由专职人员引导他们从拱形彩虹门下经过，彩虹门象征着新的人生的开启和高中繁重学习生涯大幕的拉开。随后再引导他们经过"智慧钥匙之泉"，象征着更高层次智慧的启迪。此外，在任务指派和操作流程上还要求，所有高二年级（2015 级）实验班的学生全部参加到迎新工作中去，帮助新生搬运行李等；所有新生及家长下午都要到艺术楼二楼报告厅参加见面会；所有的学生都要严格按照"领取通知单（教务处）—费用缴纳（财务科）—查看班级（年级组）—班级报到（班主任）—领取军训服装和宿舍物品（总务处）—宿舍报到（宿管部）"流程执行。除了这些之外，W 中学迎接新生还包括授校旗、赠书等环节（见表 2－1）。

表 2－1　W 中学 2016 级新生家长见面会（20160816）

时间	地点		见面会流程	备注
8 月 16 日下午 14：30— 16：30	艺术楼二楼报告厅	一	介绍出席会议的领导和嘉宾	1. 总务处安排人员提前进行会场卫生保洁和热水供应，并在 14：00 打开空调； 2. 教务处在会议开始前，循环播放学校宣传片； 3. 政教处和团委对新生入学的心得体会进行检查、评比和表彰等
		二	校长致欢迎辞	
		三	2016 年高考学子代表发言	
		四	2016 年高考学生家长代表发言	
		五	授校旗（校长与 2016 级新生中考分数最高的学生）	
		六	赠书（2016 届高三毕业生代表与新生代表）	
		七	2016 级新生集体宣誓	
		八	年级组长向新生和家长提出建议和要求	
		九	发放学校宣传手册和 2016 年高考喜报	

在如此烦琐、复杂的具有强烈教育隐喻和符号象征的欢迎仪式中，我们看到了两种力量的出场，一种是 W 中学固有的规范性操作力量，一种是来自 F 市甚至外市的分散的、动态的个体力量。在这两种力量的冲突和较量中，W 中学以其宏大的场面、权威的话语、深远的意蕴和娴熟的技术，

对这些分散、独立的个体力量进行渗透式教育，进而建立其以规范化、同一性、服从性和忠诚性为特征的新的规范和标准。

2. 在场：日常规范仪式

学生经历过短暂的入学欢迎仪式之后，就算正式进入了学校场域，学校仪式空间对其日常性活动的种种规训和形塑才真正开始。当然，在学校场域中，规训化权力对学生日常性活动的安排规训和形塑是通过各种各样具有强烈规范性的仪式活动所展开的。在 W 中学，只要天气允许，每周一上午课间大休息时（9：40—10：10）都会举行升旗仪式活动，全校师生员工都必须出席。此外，在整个升旗仪式活动期间，对学生的衣着、站姿、表情和言语，对班级的位置和排序、班主任的站位和教师队伍的位置都进行了精心设计和严密编排，以保证活动的正常进行，达成原本规定性的意义目标。在升旗、值周班总结、学生代表发言、值周领导总结和校级领导发言等既定性、程序化的流程、环节或步骤过程中，所有人都不得做与升旗无关的事情。

学校通过升旗仪式活动这种程序化、仪式化、展演性的工具和载体，很好地维护并延续了规范性，并使得这种规范性在很大程度上获得了认同。这种被基本认同的规范性不仅表现在升旗仪式活动中，还表现在师生在学校场域中生存和生活的其他方面。

3. 退场：毕业典礼仪式

对学校场域中的学生来说，有入场迎接仪式和在场常规仪式，自然也就会有退场的欢送仪式。只有这样，才能构成学生在学校仪式空间规训实践中一个完整的空间链条和严密体系。鉴于学校之间在层次、规模和资源等方面的差异，毕业典礼仪式可能会在规模、场景和道具等方面有所不同。但从仪式典礼格式化、程序化的流程或环节来说，都是相当完备的，几乎囊括了毕业送行仪式所要求的一切事项和隐喻。

在整个毕业典礼仪式过程中，内容充实、环节顺畅、气氛热烈，一切都有条不紊、按部就班，没有半点的瑕疵和杂乱。

在学校仪式空间的转换和内隐性规范的规制中，无论是入场仪式的思想灌输和认知重塑，还是在场常规仪式的精神固化和习性规范，以及退场仪式的记忆强化和情感深化，都在表达着规训化权力的真实存在。

（二）主体视域的聚合

卢梭曾明确指出："人是生而自由的，但却无往不在枷锁之中。"❶由此看来，人从出生的那一刻起，就属于社会这个整体了，就要学会接受社会中存在的事物及其对自己的种种影响和约制，尤其是那些属于人类文明的一切东西，比如教育。众所周知，教育具有两大基本功能，其中一个就是要影响个体生命、促进人生发展。在人类社会中，人可能会在种族、肤色、信仰、年龄、职业、生活环境和生存方式等方面存在着区隔和差异，但在教育尤其是学校教育这一共同主题和特定境域中得到了最大限度地压缩和同质性的聚合。在学校教育中，人的身份是多重的，功能是多样的，关系是复杂的。在存在价值和功能发挥方面，人可以是操控者、支配者和形塑者，也可以是被操控者和被规训者，在一定情况下二者也可以重叠和并存。根据叶澜在《教育概论》中对人生阶段的划分结果，参照我国现行教育体制和学制的设置状况，对二者重新进行架构和衔接，能够更客观、更直接和更立体地呈现和诠释人在教育空间中的生存模式和嬗变轨迹。因此，在学校仪式空间规训实践现场中出现的每一个人，如学生、教师、学校管理者、家长、教育行政人员、周边社区人员等，无论是正在经历的，还是曾经经历和将来还要再次经历的，都不同程度地在身体行为和灵魂思想方面受到规制和形塑。无论是显性的制度规范，还是隐性的规则规矩，都会对出现在学校场域中的每一个人产生影响和发挥作用。

（三）意蕴指征的具化

在学校仪式空间规训实践中，根据学校仪式空间规训的意蕴指征和情感表达的立意，参照格林姆斯等专家、学者对仪式种类划分的基础上，本研究将学校仪式空间规训的类型划分如下（见表2-2）。

---

❶ 卢梭. 社会契约论［M］. 何兆武, 译. 北京: 商务印书馆, 2003: 4.

表 2 - 2　意蕴指征具化视角下学校仪式空间规训类型划分

层维		表现实例
日常生活礼节性		泛指学校场域中一切具有情感际遇、意义象征、角色分配和行为程序的生活化礼仪性行为。如师生会面"问好"、上课时要"起立鞠躬"、进入办公室门要"敲门"和喊"报告"等
隆重规范事件性	缅怀型	清明节、五四青年节、一二·九运动等举行仪式活动
	纪念型	建校日、迁址日等纪念仪式活动
	庆典型	省示范挂牌等庆祝式典礼活动
	常规型	课堂教学、升旗仪式、开学典礼、家长会、运动会、接访等学校常规仪式活动
	人生型	18岁成人礼等仪式活动
	欢娱型	接待文艺汇演、元旦联欢会等欢娱类仪式活动
	竞争型	考试动员会、科技文化艺术节等仪式活动
	通过型	毕业典礼等仪式活动

（四）功能性质的取向

学校仪式空间规训作为学校教育境域中的一种文化事实，自始至终都对学校场域中的人产生着种种影响。从影响向度或功能性质的角度来看，学校仪式空间规训有着正向和负向之分。具有"正向功能"情境营造的仪式有"五好"评选、"优秀学生"表彰等，表达倡导性和激励性；具有"负向功能"情境营造的有"违纪学生"或"违规教师"的公开处理等，表达禁止性和限制性。然而这种划分只是相对的、暂时的，因为二者之间在本质上存在着必然的关联性。因此，在规训化权力的操控下，"负向功能"仪式情境氛围的营造只是手段、策略，其最终目的还是要转向"正向功能"阵营。

二、特征显现

马克斯·韦伯曾多次表述出"人是悬在由他自己所编织的意义之网

中的动物"❶。由此可以看出，人是非常擅长创造、利用和规定意义的。而学校仪式空间作为一种人们主动创造的情感关注和意义表达的社会性存在，无论是创设的流动场景，还是客体的道具实物；无论是呈现的展演内容，还是虚化的隐喻符号，都是学校仪式空间表达意义和指征权力的手段。学校仪式空间作为一个渗透着人类文化传统和学校历史变迁的意义性存在，在反映出学校社会表象和学校发展历史脉络的同时，也立体地呈现出学校仪式不同意义的表征。学校仪式空间所具有的丰富意义表征不是自然而然就存在的，以社会行动的方式把学校仪式的物质性空间和社会性空间进行联结而形成的。或者说，学校仪式空间在指征着规训权力的同时，也在自我言说着实践性的存在。在社会背景下去讨论和分析学校仪式空间，尤其是涉及学校仪式空间历时性的分析，我们必须要正视"社会现代化"这一客观事实和基本背景。而社会现代化作为一种社会演进的趋势、潮流和方向，在学校仪式空间规训实践中也表现得淋漓尽致和不遗余力。

（一）时空压缩化

在相当长的一段时间里，学校仅仅是一个地方性的存在，其影响辐射范围很大程度上也仅仅限于这一个地方，只有当地人才能感知到学校的存在，并对学校产生空间感。当笔者和身边的导师、学弟学妹们谈及W中学时，他们一脸茫然，毫无存在性感知；但每当我和家乡的亲戚朋友谈论W中学，他们有的说学校很漂亮，有的说学校很大，有的说学校教学质量很好。这些宏观的、轮廓性的认识，正是他们对学校所产生的空间感。造成不同区域的群体对事物认识和感知的差异，根源在于空间和时间对人的区隔和分离。就像杨庆堃所表述的那样，是时空对人事的离间作用形成了各自独立的结构和地方性存在。只要我们把时间和空间并置，或者是将时间和空间整合在一个基点上，这种区隔和分离对人的影响就会大大降低。由此，现代社会中"时空压缩"就是时间和空间并置、整合的最显著特征和最真实体现。"时空压缩"一词首次出现在麦

---

❶ 克利福德·格尔茨. 文化的解释［M］. 韩莉，译. 南京：译林出版社，1999：5.

肯齐的《大都市社区》一书中，主要是指"现代通信和交通技术的进步使人际交往所需要的时间和距离缩短"❶。多年以后，戴维·哈维（David Harvey）将"时空压缩"现象及社会性后果进行深度挖掘和全面梳理。也正是戴维·哈维将时空压缩和社会现代性关系进行了有效联结。自此以后，时空压缩现象被赋予了超域的意义。可以说，正是时空压缩因素给人们提供了正确理解社会现代性的基本视角和研究起点。学校仪式空间规训实践本身及其相关研究也无法脱离时空压缩这一视角、起点和因素。在时空压缩的境域中，学校仪式空间不再仅仅是地方性存在，而是当地人与外地人共同构建的意义性场所。可见，新生入校时观看"学校宣传片"，学校举办的大型社会性活动中领导介绍学校发展情况等就不足为奇了。这正是通过时空压缩的技术手段或方法路径最大限度地增加"外人"对学校的认识和空间性感知。当然，这在很大程度上也反映出时空压缩对学校仪式空间规训实践行为或模式的影响和规制。在 W 中学举办的历届成人礼仪式活动中，有几个规定性"操作"，如所有参与学生的家长必须到学校来，不得请假；事先对市教育局领导和往届优秀毕业生进行视频录制，在仪式当天作为祝福语进行播放；通过校园网络平台对仪式活动现场盛况进行视频直播等。由此看来，时空压缩不仅给我们带来了前所未有的时空体验和感知，也在一定程度上改变和重构了空间自身的结构、功能和意义。

（二）条件创生化

众所周知，我们之所以将条件称为条件，是因为条件是事物存在和发展的重要因素，是事物处于或具备某种状况的要求和标准。由此看来，学校仪式空间显然也具有条件。这种条件不仅表现在外显的对空间内实存的软硬件设施的依赖、相关规律的恪守和思想观念的习得方面，还表现在内隐的空间实践本身对条件的自我满足方面。因此，只有学校仪式空间规训实践达到这两个层维的条件或条件性要求，其规定性意义和符号性象征才

---

❶ MCKENZIE R. D. Spatial Distance and Community Organization Pattern ［J］. Social Forces, 1927，5（4）：623－627.

会表达得更加充分和彻底。在兼具客观性和相对稳定性的条件面前，学校仪式空间规训实践如何实施才能达标呢？通常情况下，学校仪式空间规训实践会采取整合优化和创设内生两大操作路径。

第一，整合优化。此处的整合优化，就是在学校仪式空间规训实践过程中对学校场域中已具备或达标的条件进行重新整合和统筹优化。这种整合优化，改变的是已有条件的存在区域、位次、结构和样态，并未产生和添补新的条件。W 中学为进一步提升校园绿化环境，将学校西池塘边的五棵香樟树移栽到学校主干道的边上，将学校教师公寓右侧的绿化草坪移植到学校大门外侧的荣誉墙旁边，将学校运动场上的体育器材分流一部分安置在学生宿舍楼下的草坪上等。这种对已有条件的整合优化，除了表现在直观、可视的学校绿化方面之外，还可以通过学校常规管理中的仪式化教育活动来加以呈现。通过这些仪式化教育活动，将原本相对分散、孤立的人、物、道具、符号等进行了有机编排和精心设置，对它们重新进行角色分工、区域阻隔和功能分化并赋予其特定的社会性意义表达和情感关注。此时的仪式化教育活动不是对原有人、物、道具和符号的杂乱摆放和机械分割，而是在限定性意义表达下对已有条件的重新组合、统筹优化和结构重塑。

第二，创设内生。如果说整合优化是对条件客观性的尊重和严守，那创设内生就是对条件客观性的挑战和逾越。参照马克思的观点，这就是"人不仅能认识世界，还能改造世界"的典型例证。按照学校工作计划，2017 年 3 月 4 日下午 2：30，W 中学在校园中心广场举行了 2017 届高考百日誓师大会。此次誓师大会的主要目的是给高三年级师生树立信心、鼓舞斗志，营造出脚踏实地、锐意进取、勇于拼搏的积极高考备课状态。这种激情四射、满怀期待、斗志昂扬、信心百倍的规定性意义和情感凝聚不是那些相对机械、孤立的实体道具和具体姿势动作本身所能够表达出来的。需要对原有相对分散和孤立的道具和符号进行重新组合和符号编码，进而提升这些道具和符号的情感内生性和意义广延性。通过对原初道具、符号的意向性和象征性的创设内生，进而实现我们所设定的规定性意义。在这种"原初道具—创设内生—意义达成"的梯级结构中，条件的创设内生是整个结构链条中的桥梁、纽带，也是意义赋予和象征表达的情境场和中转站。

（三）手段智能化

手段，原初意涵是本领或技巧，也指为达成目标而采用的方法和措施。手段在不同的时空范围内被赋予了别样的社会性意蕴和意义性表达，比如学校教育领域。在几千年的中外学校教育曲折发展和变迁的历史中，鞭笞体罚是较为常见的，通过给肉体造成痛苦来加深学生对其的恐惧和记忆，进而能够限制或消除自己的行为。随着社会的不断发展和进步，人类文明的不断丰盈和提升，肉体惩罚逐渐在学校教育境域中消退，随之而来的是各种各样的规训化技术手段。在当下学校仪式空间规训实践中，每一个角落都在释放现代性意蕴，每一个细节都在呈现出现代社会的科技化和智能化。在 W 中学，师生每天在进出学校大门时，要完成一个日常的互动仪式，就是在考勤机（教师）或签到机（学生）上按下你身份在场的重要标志——指纹。同时，W 中学还会对机器记录信息进行导出、整理和归类，把迟到的、早退的、缺席的人员进行分门别类地划分，并把结果提交至学校教务部门进行文本记录，以便考核时进行量化打分。不仅如此，W 中学还加入了由某科技公司研发的"××网"系统等智能化操作系统。这些智能化手段的推广和使用，很好地满足了学校提高教学质量的需求，但也在一定程度上造成了差异扩大、区隔加深和分层加剧。

（四）意象模糊化

谈及意象，有学者将其表述为"是个体头脑对外部环境归纳出的图像，是直接感觉与过去经验记忆的共同产物，可以用来掌握信息进而指导行为"❶。在学校仪式空间中人、物、道具和符号等处于彼此挤占、相互交融和解构重构之中，学校仪式空间规训实践展现出其独特的表达意象和行为力量。既有主体以自己感觉和以往经验来理解对象的介入性意象，也有对象以特定结构和样态呼吁主体介入其中的意象。尽管学校仪式空间规训实践是权力控制和支配的框定性行为，但客观存在着多种意象表达。

---

❶ 凯文·林奇. 城市意象［M］. 方益萍，何晓军，译. 北京：华夏出版社，2001：3.

1. 意象分类

通常情况下，根据意象观察、感知和体会的不同，学校仪式空间规训实践的意象可以分为如下三类：第一，公众意象。所谓公众意象，就是社会中人对学校仪式空间规训实践的整体性认知和普遍性感觉，是多种校园意象的叠合和并置，是一种共有印象。每当谈及 W 中学，社会中的人的整体感知就是"学校很大很漂亮；寄宿制学校，管理还不错；老师都挺年轻的"。第二，个人意象。相对公众意象而言，个人意象则是个体以自身的能力和习惯，按照自己意愿对学校仪式空间规训实践进行理解和感知，是个体人与对象之间相互影响的结果。同样参加学校活动，有的同学积极参与、满怀热情，深受情感激励；有的同学则消极对待、得过且过，一切都无所谓；还有极个别同学以身体生病、上厕所等诸多借口，不去参加活动等。之所以会出现这样的现象，要归结于个人对学校活动的意象感知。第三，特定群体意象。在公众意象与个人意象的中间，还存在着特定群体的意象。这种特定群体意象既不同于社会公众意象，也不等于个人意象，更多的是这种群体中的共有或共同意象，并且具有鲜明的群体性文化特征，如教师、学生、学校管理者、家长等教育利益相关者所持有的群体性感知和理解。

2. 意象模糊

我们之所以要对学校仪式空间规训实践的意象进行分类，不只是用来表明意象产生的主体差异和影响不同，而是为了更好地反映出意象背后的一致性，那就是这些意象都是由社会所构建的，是无法脱离学校仪式空间规训实践的。因此，学校仪式空间规训实践所形成的种种意象，不过是一种虚化的脱离，是一种普遍化的想象。这种虚化的、广延性的想象使得学校仪式空间规训实践的意象出现了"模糊性"。此在的模糊性除了表现为意象的边界性模糊，还表现为限定性意义的模糊和主客体定位的模糊。在学校日常的仪式活动中，主体是谁？客体又是谁？仪式活动的规定性意义是单一明确的，还是多种杂糅、含糊不清的？这些疑问都是对当下学校仪式空间规训实践意象症结的追问和反思。

（五）运作商业化

众所周知，商业化是社会发展进步的结果和产物，也是现代社会所具有的显著特征之一。而商业化作为一个专有名词的出现，我们可以从卡尔·马克思对商品问题的论述分析之中寻找到有力的支撑。简言之，商业化是商品的社会化。在马克思关于商品的界说中，提到了两个基本概念：使用价值和交换价值。所以，当人们的生产目的从使用价值开始转向交换价值的时候，其实就已经标志着商业化历程的开启，只不过在现代社会中，其实现或表现得更加充分和彻底而已。在现代社会中，商业化经历过多年的演绎和渗透，已经散布在人类社会生活和社会行为实践的各个领域，并成为现代社会的重要维度和基本特征。在本研究关注焦点从空间中的规训转向空间自身规训的基础上，学校仪式空间规训实践运作商业化探究和分析拟从以下两大维度进行揭示和解释。

1. 商业化的功能消费

从某种程度来说，学校仪式空间规训实践对商业化是绝对依赖的。现代社会是一个开放、多元、共享的社会，任何个体都囿于社会之中，经历着"依赖—生产—消费—再依赖—再生产—再消费"这样无休止循环并呈现出螺旋式上升的基本结构，任何个体都无法独善其身。在这样的生存逻辑中，依赖性是首要的，也是最基础的。学校仪式空间无论是本身内涵层维的解读，还是规训实践行为的实施，抑或是规训实践技术的选取，都是需要依赖于或借助于商业化方能得以完成。否则，学校仪式空间规训实践真可谓"寸步难行""举步维艰"。2013 年 6 月 29 日上午 9：00，W 中学举办了规模宏大、盛况空前的省示范性普通高中学校挂牌庆典仪式。为此，学校召开了多次办公筹备会和校务协调会，尤其是 2013 年 6 月 15 日的那次筹备会，具体事务涉及内容甚广、细节繁杂。由此看来，W 中学省示范挂牌庆典仪式与其说是具有规定意义的程序化活动，倒不如说是人在限定性意义表达的基础上对商业化的支配和利用。W 中学省示范挂牌庆典仪式每一个环节的设定、每一个步骤的实施都是建立在具体有形商品和无形商品化劳务的基础上。毫不夸张地说，是商品及商业化支撑起现代社会中所有社会仪式实践的有效开展和实施。换句话说，如果没有商品的客观存在，如果没有商业化的形成，现代社会中学校仪式空间规训实践就无法有效实施，规定性意义也无法彻底表达。在一定程度上，学校仪式空间规训实践是对商业化进行的功能性消费。

衍生商业化。学校仪式空间规训实践的运作商业化还表现在其本身对商业化的续存性和衍生性方面。学校仪式空间作为一种权力化的社会性构建，其表达具有生产性，而这种生产性不是单纯意义上的内部其他事物或个体的生产，而是其本身所具有的生产。学校仪式空间在规训权力的控制、支配和利用下，最醒目也是最可视化的生产就是对具体商品的生产。不仅如此，学校仪式空间规训实践在人的功利性目的和规定性意义的规制和驱使下，自身也会加工生产出具体的商品进行售卖。这些具体的商品，可以是有形的，如课程、手册等；还可以是无形的商品化劳务，如技术服务、师资培训等。

2. 商业化的参照符号

学校仪式空间规训实践还存在着一种间接的商业化现象，那就是学校仪式空间作为一种参照符号。比如 W 中学附近几家商家和房地产开发公司的宣传单页的内容都把 W 中学作为商业化卖点。

除了房产中介公司和地产开发公司，很多教育培训机构和餐饮实体店等都把毗邻 W 中学作为宣传和推介的商业化卖点。可在这些商业化活动中，W 中学仪式空间本身并没有主动性参与或者是实质性介入。W 中学本身的优质教育资源和教育影响力，无形之中成了这些商家考虑的利益因素。由此可以看出，学校仪式空间对周边商圈具有强烈的外扩性，即使自身存在着相对封闭性和功能限定性，也不会阻挡其对周围世界带来的商业价值和利益衍生，当然也会间接引起周边空间样态的改变或转变。此时的学校仪式空间，间接地成为权力规训实践的一种被增加附加值的参照性符号。

（六）操作同质化

保罗·弗莱雷提出"教育即政治、教育即实践、教育即解放"[1] 的观

---

[1]　保罗·弗莱雷. 被压迫者教育学［M］. 修订版. 顾建新，赵友华，何曙荣，译. 上海：华东师范大学出版社，2014：1 – 32.

点和理论阐释。通过审视当下学校仪式教育现场，我们不难发现，在社会现代性驱使和国家政治的干预下，学校仪式空间规训呈现出"操作同质化"的显著特征。在同一教育阶段中，全国各地的学校仪式教育呈现出"千校一面"的同质化状况。这些学校之间通常只会在仪式的规模大小和设施多寡方面存在着些许差异，但在仪式的意涵表达和操作步骤等方面却存在着惊人的一致性，如高中教育阶段的"成人礼仪式"教育活动。众多学校整个成人礼仪式活动均分为"领导寄语、学生成人宣誓、家长寄语、点18岁生日蛋糕蜡烛、授成人帽、穿越成人彩虹门"等环节。这些操作环节或步骤成为一套相对固定的操作程序，被众多高中学校所沿用。

（七）表征空场化

从"人"参与学校仪式活动的持有态度、表现状态、效果表达等维度来看，无论是学校的日常性仪式活动，还是典型性仪式活动事件，都不同程度地显露出"空场"现象。学校开展仪式活动之前，就存在着人和仪式可以分离的基本假设。也就是说，人是人，仪式是仪式，二者是完全分离的，而不是一个共同体。仪式不再是人与人之间的情感际遇，只是一种任务性展演。在这样的一种视域或语境下，学校仪式空间规训过程中也就出现了"空场"现象。

三、策略实施

（一）制度

在学校场域中，无处不在的微观权力借助于威权化、制度化的话语、规则、仪式和程序等对所有对象进行着控制、支配、利用和形塑。在这个人为的空间中，为了最大限度地完成预定任务，达成既定目标，需要一套规范、严密和系统的制度来规制和形塑人的身体行为、动作姿势和思想精神等，进而生产出"有用的身体"和"驯顺的意识"。基于对学校效益的计算、教育质量的重视、安全工作的要求和社会需求的回应等，学校素来都非常注重规范化、制度化和精细化管理。当然，对位于高考大省并深处"白炽化"竞争旋涡的W中学来说，更是有过之而无不及，在"学校—科室部门—年级组—班级—个人"的科层制结构链条中，均制定了零碎的、翔实的规范性制度来约束和监督人的行为，以最大限度地实现对人的控制、支配和形塑。在 W 中学，既有宏观的、普适性的和具有指导意义的学生管理守则或学生自主管理公约，也有被各班级具体细化并易于操作实施和量化考评的班级管理制度。

这些规范性制度对学生的身体行为等方面进行事无巨细的制约和限定。

学校仪式空间规训实践中，制度不再是一种手段或措施，而是规范价值远远超过事实价值，是教育内容的本身，是教育的目的。尽管康德坚持认为，只有对人进行相应的强制、规范和限定，方能指导他更好地去运用并真正享用他的自由。其实，康德的此番表述和解说，是存在着一定条件性的，那就是强制、规范和限定的出发点和适度性。因为教育是基于人的，教育是源自人内在本性需求的，外在的强制、规范和指导应该要通过人的兴趣爱好和理解感知转化为内在的。蒙台梭利夫人在制度和纪律的关系方面也有过精彩的表述，她认为真正的纪律遵守是来自心理底部，而不是外部压力。❶ 鲁洁、朱小蔓明确提到，"向学生所灌输的道德规范、概念又被抽去了它的人性的本质内涵，成为一种空洞的、抽象的行为规定"❷。由此看来，制度理当出自人的本性。不然的话，无论外在的规范性制度和强制性纪律如何的强大和有用，都不会持续太久并终将被消灭，因为这样的制度和纪律无法植根于人的"良知深处"。

（二）知识

在以往的学校教育中，人们以一种极度盲目崇拜的心态去接受并占有知识。学校教育在很大程度上演变成了"知识的教育"。基于知识在学校场域中的独特地位和重要功能，教育本身及其所有在场的人都陷入了知识的桎梏和藩篱之中。在某种程度上，学校教育现场中的人，被知识规制

---

❶ 蒙台梭利. 蒙台梭利幼儿教育科学方法 ［M］. 任代文，译. 北京：人民教育出版社，1993：107，114.

❷ 鲁洁，朱小蔓. 道德教育论丛：第 1 卷 ［M］. 南京：南京师范大学出版社，2000：228.

化、标准化、技术化和割裂化了。换句话说，此时的人，成为学校教育现场中一种被知识抽象化和符号化的存在，而知识也成为人认识自我、感知世界、评判是非的尺度和标准。

在当下的课堂教学现场中，"照本宣科""以本为本""以本为纲"的灌输式教育还一定程度的存在。教师把以往对书本的经验性感知，用习得的方式方法生硬地置入学生认知和成长的历程中，毫无生活情境和学生习性乐趣等。这就像布尔迪厄所说的"象征暴力"那样，生硬地向学生不遗余力地灌输着教科书中的所谓真理知识，严重背离了"感性—理性—感性"的认知建构过程。长此以往，知识就变得僵化和无意义，毫无智慧性和指导性，日益脱离学生所生存和生活的周围世界。

（三）秩序

无论是以往景观式的"鞭笞体罚"，还是当下分散、零碎、严密的规训技术和手段，都是通过架构一套具有规范性和纪律性的秩序结构对场域中的每一个人进行规训，进而使得人成为一个"守秩序"的人。

1. 言语

从某种角度来说，话语的强烈渗透性和层级性使得话语的言说、指征和意向形成一种权力化的规训力量。在学校仪式空间规训实践中，用言语反复说教是对学生进行规训较为基础、普遍和常见的方法。这些言语有直接传达操控命令的，如"不允许在教室内吃东西"；有较为委婉和含蓄的，如"到池塘游泳有危险"；还有包含励志意蕴的，如"凿壁偷光""一分耕耘，一分收获"和"少壮不努力，老大徒伤悲"等。一方面，这些言语本身就具有严肃性、真理性和诱导性，能够对人产生相应的劝诫性作用；另一方面，这些言语是由拥有权威的主体进行言说的。也就是说，在很大程度上，这些反复说教言语的问题不在于本身是否具有真理性，而在于人们为何会把它当成真的。这恰恰印证了言语权力的存在，谁拥有言说的权力，谁就是权威者。在学校仪式空间规训实践中，教师经常会通过反复的言语说教来对学生进行规制和形塑，并使用规训化的权力来建构一套规范性和纪律性的制度话语和行为话语。

"不经过我的允许，谁也不许……""谁再说话，站到外面去"，这是班主任的常态言语表达。在这样的言语表达中，我们感受到了教师言语的介入对学生所产生的力量。这也从另一个层面说明，教师的言语与学生的身体行为和精神思想是有着高度一致性的。这些被权威者所操控的言说通过人的身体和精神进行支配和形塑并成为实践时，就会释放出无穷的力量。在课堂教学中，更是如此。讲台上的教师，既是知识的权威者，也是话语威权的表达者。在学生的心目中，教师是权威、正确和合理的存在象征，是对与错、是与非的裁定者。也正是这样的阻隔和机械的隔离，形成了教师和学生之间不对等的话语关系。

2. 空间

空间从来都不是纯粹的存在实体，而是由权力和关系所架构的。但这种由权力和关系构建的社会空间，基本上又都是通过一系列的技术或手段加以呈现和产生影响的。在学校仪式空间规训实践中，通常会采取以下几种技术或手段来实现规训的目的。

第一，空间的区隔技术。对学校场域来说，无论是规范性制度的设计，还是强制性纪律的执行，都需要一个相对封闭的空间，需要一个专属的空间范围和情景场所。通过对空间位次的区隔、功能的赋予和意义的限定，来彰显"秩序"的存在。对整个学校来说，有大门和一圈围栏或院墙加以区隔；对教室而言，用透明的玻璃窗和厚厚的实墙进行区隔；对学生来说，采用严密的规训技术和空间距离进行区隔等。此外，这种空间区隔技术还会体现在学校空间布局方面，如教学区、办公区、运动场区和生活区等。在仪式活动中，人的空间位次更能体现出空间区隔技术的存在和效用。

第二，空间的解析技术。人为的学校仪式空间是动态和多变的，其封闭性、区隔性和功能的赋予性作为一种空间属性是永存的，但具体实物指向却是可以发生变化的。比如，教学楼房间的分配和使用。作为房间本身，能够满足人们的使用需求，至于说是用来做教室、办公室、保洁室，还是卫生间，这就要取决于权力主体了。事实上，在学校仪式空间规训实践中，为了更好地对规训对象进行支配和规训，最大限度地实现预定的规训目的，往往会构建出一个可解析、可监视和可量化的空间秩序。这样的空间秩序，最具有代表性的当属教室中的学生座位。教室中学生座位排列方式有秧田式和马蹄式等类型。尽管学生座位在摆放形状和组合结构等方面发生了重大变化，但背后深藏的空间秩序却没有根本性的改变。

第三，空间的分层技术。在学校仪式空间规训实践中，所有在场的每一个人都被层级所框定，并通过层级的划分来决定人在空间中所处的地位或等级，这些人被置入了一个可以不断地被裁定和分层的等级秩序空间中。目前，W中学对师生进行等级分层的方法或标准有很多，如：学生方面，有考试分数、遵守纪律、文明礼仪等；教师方面，有职称等级、教学能力、所带年级和班级、家庭经济状况等。

社会空间中的分层实质上是权力运作的结果。当人在社会空间中的等级层次和存在价值需要用身份来加以证明和验证的时候，这种用来进行证明和验证的身份也就充分地表达出人所属空间等级的权限范围。在组织或机构大门口，经常会在醒目位置张贴"外来人员，非请勿进"的警示语；在办公室门口，会看到"进门请敲门"的提示语。这就是一种被身份证明了的权力确认。这种量化、严密和精确的规训化空间分层技术，挟裹着一种规范性制度和强制性纪律，让学校仪式空间中的生活变得有序化和可操作化，学校教育变成了一种功能性的产出。

3. 惩罚

在人类社会发展的曲折演绎中，教育领域的惩罚也在发生着改变。过去那种肉体上的疼痛体罚已经逐渐隐退，而零碎、严密和精确的规训化惩罚技术悄然登场。此时的规训化惩罚不再是一种具有观赏性的展演仪式，而是一种防止错误重演的精心设计的惩罚体系或机制。这种惩罚体系或机制能够让犯错者不再有犯错的欲望和想法，更不会有其他的仿效者。因此，在规训化学校教育境域中，"罚抄写""罚值日"等较为"柔和"的惩罚方式时有发生。

规训化惩罚往往以"这都是为了你好"为理由，其深层目的就是让受规制者意识到，规训性惩罚是为了维护他们的权益。老师的"罚抄写课文"就属于此类。这种惩罚以剥夺学生自由的方式，一方面既加深了学生对书本知识的记忆，另一方面也对其他学生产生了极大的威慑，让他们不敢犯错。无论是因为"爱"，还是出于"为了你们好"，这其实都是一种变相和隐性的规训化手段和控制性技术。

4. 道德

众所周知，道德作为一种价值追寻和社会意识，所表征的是人的生命与世界的价值关联性。在一定意义上，人之所以成为人，正是依托于道德。现如今，有些学校在进行道德教育时，注重的是事先预定的，以宏大、广延的社会价值为中心的意识世界，从外部对学生个体进行道德说教。不仅如此，这些学校道德教育所设定和追求的标准和规范，也不再是基于人的现实需求，而是着力于"圣人"的完美塑造。这种"圣人式"的道德教育虽然不乏教育意蕴，但已经严重脱离学生的真实世界，无法转化为一种具体的、实际意义上的道德行为，只能成为一种抽象的认知印记和精神遐想。

苏霍姆林斯基曾严厉指出："在学校里，不许讲空话，不许搞空洞的思想！要珍惜每一句话！当儿童还不能理解某些词句的含义时，就不要让这些语句从他们的嘴里说出来！请不要把那些崇高的、神圣的语言变成不值钱的破铜币。"❶ 由此来看，缺乏自由意志、自主选择的道德教育从根本上来说是不具备德育功能和价值的。

总之，规训化的道德教育在某种程度上衍变为纯粹的规范性制度和程序化说教文本，与人的真实生活、良善品质和生命本性逐渐脱离和背离。

（四）安全

在学校场域中，有一项工作以压倒性态势存在的，无上限、有底线，那就是学校的安全工作。基于此，无论是全校教职工会议，还是周一的学生集体活动，以及班级的晨会和班会课都会围绕"安全工作"反复强调和

---

❶ 瓦·阿·苏霍姆林斯基. 给教师的建议：上册［M］. 1 版. 杜殿坤，译. 北京：教育科学出版社，1980：182.

多次叮嘱，生怕出现安全方面的"纰漏"。因此，安全工作是学校仪式空间规训实践中常抓、共管和严控的"必修"项目。W中学在校学生有4600多人，却只有67个常规教学班级，紧凑地分布在两座只有六层的教学楼上。班级人数较多，空间较为狭小和拥挤；教学楼有左、中、右三个上下步行楼梯，但只有靠近东侧的那个楼梯相对较宽些，余下的两个楼梯较为狭窄，勉强只能并排两人通过。不仅如此，在W中学科技楼前和运动场旁边，均有一处面积不小的自然水塘。W中学在两处水塘旁边醒目位置摆放警示牌，并悬挂出"坡陡水深，请勿下水嬉戏。否则后果自负"等警示性标语。为了以防万一，学校经常会采用日常言语警示和定期安全演练进行强化。

安全言语的警示性和威胁性。在W中学的走廊、楼道和教室前门等位置会张贴"严禁倚靠和翻越走廊栏杆""上下楼梯请勿拥挤推搡""请勿在教室内追逐打闹"等安全警示标语。不仅如此，教师还经常会把身边发生的或网络报纸杂志宣传的学生安全事故进行再次改造和演绎，以加深学生对安全问题的重视和安全规则的遵守。

从W中学楼宇安全警示标语和Z老师在班会课上的安全工作训话内容来看，对学生进行安全教育的方法除了日常提示、思想灌输和家庭情感之外，还有一种更深层、更隐晦的方式就是塑造学生对安全的恐惧感。这种对安全的恐惧感是建立在学生对身体伤害或损毁的疼痛畏惧和对完整身体需求呵护的基础上的，使得身体的残缺和损毁转化为一种悲惨的生活象征。

安全演练的表演性和形式化。为了能在突发事件发生时把伤害或损失降到最低点，学校会定期举行安全工作的演练活动，如消防安全疏散演练等。在第26届"消防宣传日"到来之际，W中学举办了主题为"生命至上、平安校园"的消防安全应急疏散演练活动，整个疏散演练活动只用了五分钟。当警报铃声响起时，学生按照指定的路线、手持毛巾捂住口鼻并弯着腰从两座教学楼的六个楼梯迅速涌向中心广场，场面甚是壮观。整个安全疏散演练活动在一片祥和、热烈的氛围中结束了。

四、手段选择

在学校仪式空间场域中，权力是主角。只有通过"全景敞视主义"的监视技术，将学生作为一种物化的客体纳入严密的监视、监督和检查体系之中，方能产生相应的权力效应和产出功能。参照福柯对规训权力手段的描述，结合对研究单位 W 中学的参与式观察，发现在学校仪式空间规训实践中，采用的手段主要有"层级监视""规范化裁决"和"检查"。

（一）层级监视

在福柯的微观权力视域中，规范性制度和强制性纪律的实施必须依赖于一套严密、流动和精确度高的监视机制。在一定意义上，只有监视，才能最大限度地释放规训化权力的作用和功能。

在学校仪式空间中，无论是符号道具的选择，还是仪式情境的创设；无论是时间轴线的划分，还是空间秩序的分隔等，都是为了更加有效地对对象进行清晰、细致、严密的监视和控制。学校仪式空间中的金字塔形的层级监视机制，既是权力化的学校仪式空间的重要组成部分，也是重要手段，还是规训权力产出的决定性因素。在 W 中学，进行层级监视的有技术层面的，如摄像头、指纹考勤机等；也有人际关系方面的，如金字塔形的层级监视结构（见图 2－1），还有学生与学生之间的相互监视和监督。

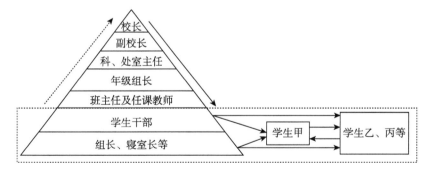

图 2－1　W 中学层级监视结构示意

在学校仪式空间中，这些切实可行的、具体的层级监视机制是通过明文规定的监督纪律和监督关系被嵌入的。此时的层级监视机制与学校仪式空间不是相互影响、关系密切的两个关联性主体，而是一种主体。层级监视机制作为学校仪式空间的一个组成部分发挥着作用。在很大程度上，也正是层级监视机制的存在和效用，才使得学校仪式空间的规训权力得以延续并进行自我维持。

（二）规范化裁决

福柯认为，所有的工厂、医院和学校等都会有一套比较完整的内部微观处罚制度。这种微观处罚制度往往涉及时间标准、活动要求、身体行为和言语规范等。其实，这种微观处罚制度还囊括了非常规范化或不规范的范畴。如学生迟到、上课说话、未交送作业等就是"犯错"，犯了错就要进行处罚。这种微观权力的规训处罚是有制度政策明确规定的，既有惩罚的操练性质，也有矫正的意蕴传达。在进行反复操练性惩罚的同时，也加深了学生对相关知识的认知、记忆和理解，具有一定的矫正效用。当然，无论是什么样的惩罚，都会造成相应的分殊化。这种分殊化不仅能标示出差距或层次的等级，还是实行奖励或惩罚的主要依据。

在学校仪式空间规训实践中，任何一种规训机制其实都隐藏着一种或几种规范性的裁决功能。这种规范性裁决是贯穿学校仪式空间规训实践始终的，并强烈要求一致性或一律性，任何人都不得逾越规范和偏离常规。在一定意义上，这种同质性的样态，既是规范化裁决的算计和度量的要求，也是规范化裁决的效用和产出的结果。

（三）检查

在福柯微观权力的认知世界中，检查是能够把层级监视和规范化裁决两种手段进行有效调动的重要手段。检查把权力的威严、技术的严密、力量的编排等融为一体，充分显示了规训对象被支配和形塑的介入方式和存在样态。由此看来，学校仪式空间实则就是一个不断检查和被检查的权力化场所和创设性情境。

权力转换的样态。传统权力是把对象置于阴影之中，通过外显、炫耀和夸大的象征性符号对支配对象进行统治和控制；相比之下，规训化权力则是以隐性、零散和严密的方式对操控对象进行规制和形塑。也就是说，对规训权力而言，检查手段既不是它来炫耀权力威严和强大的基础，也不是它把自己的符号和象征生硬地强加给支配对象的手段，只是一种进行符号化和客体化的严密操控体系或机制，如考试。

文件书写的权力。不可否认，检查手段在很大程度上把人置于书写的严密监视和结构框定之中。这使得人们被一大批文件所书写、框定和规制。这种"文件书写的权力"作为一种日常性和常态性的检查手段被逐渐建立起来，日益规范完整。鉴于检查手段的书写权力特性，往往会形成两种可能，一是把人视为可算计、可度量和可分析的客体化对象，二是构建一个易于进行比较、分层和裁定的机制或体系。

文本个案的塑造。在各种书写权力的文件深渊中，检查手段把每一个人都塑造成一个个可见的、可度量和可分析的"文本个案"。这种把人的真实生活和存在意义通过文本书写记录的方式进行整理、操控和规制，实质上是检查手段对人进行客体化、支配性和形塑性的反映，是以立体动态的方式对规训权力进行呈现和展示，其最大限度地承续了对客体化、个案式的人进行分配分类等功能和效用。

在学校仪式空间规训实践中，能够对检查手段和技术进行全面呈现和立体诠释的是考试。从 W 中学大型考试安排时间和场次来看（见图 2 - 2），"考试"俨然成了高中学校场域中人的生活主题。无论是学生，还是教师，都是学校考试仪式空间规训网络化结构中的一个链接点。

五、结果呈现

在微观权力的拓植下，学校教育培养了"驯顺"的人。在这种同质化的驯顺的服从者群体中，偶尔会迸发出能动抗拒的理性光点和人性追寻。

（一）驯顺的服从

在学校教育场域中，无处不在的微观权力在无休止的、等级化和严密性的惩罚技术掩护下，每一个人时时刻刻都会受到约制和形塑，进而能够变得"服从、驯顺、正确履职和恪守规范"。规训化教育在实施的过程中，机巧地实现了"去人性化"和"使材料化"的衔接。在学校仪式空间规训

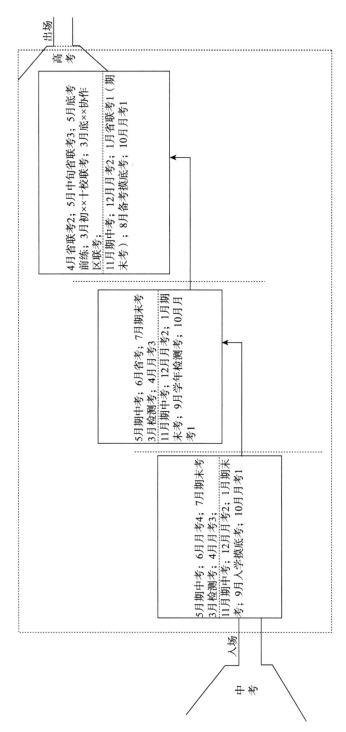

图2-2 W中学大型考试时间和频次分布图

实践中，所有的一切都是为了能够最大限度、最大范围地制造或生产出"驯顺的服从"，让人变得更加有用。

（二）能动的抗拒

卡尔·马克思从哲学层面对人的能动性进行了相应的解释和阐述。马克思认为，人作为一种主体性存在，能够自觉主动地挖掘和发挥自身内在的本质力量和创造力，去面对和解决自身生存与发展过程中的问题。人依赖于客观，但又不完全受制于客观，尤其是在受到限制和规制之时，会产生能动的抗拒和排斥。在学校仪式空间规训实践中，尽管能动性的抗拒意识和抗拒形态还比较零散和微弱，但作为一种反抗学校规训的非主流形式却是实际存在着的。

第三节　学校仪式空间规训的日常生活体验

人们在日常生活中见面时彼此寒暄的重要内容之一就是子女的学习情况，尤其是学习成绩。不仅如此，人们的生活习惯、生存方式等通过子女这个"中枢"被学校仪式空间规训所支配和形塑。由此可以看出学校仪式空间规训在人们日常生活中的地位，而人们的日常生活也成了学校仪式空间规训表征性的一个重要分支和基本构件。

一、"菜地"兴衰见"权力"

W 中学作为一所建校只有十余年的"新学校"，环境相当优美。由于资金的有限性、规划的断层性等原因，校园东南角靠近运动场与东池塘的边上，出现了大面积的闲置空地。这些闲置空地比较分散，形状不规则且面积大小不一，常年荒芜、杂草丛生。

教师的野蛮抢占。W 中学的教师们在教学工作之余，利用闲暇时间把这些分散的地块利用起来，种些蔬菜和其他一些便于操作打理的农作物。再加上池塘就在旁边，水源便利。一时间，开垦抢占"菜地"成为 W 中学的一道别致风景线，谁先开垦的就是谁的，真可谓是"先到先得"。随后的几年间，"菜地"成为 W 中学教师日常生活中的共有名词和共同话题，在"菜地"上的辛勤劳作成为教师们教学工作之外的"副业"。毫不夸张地说，"菜地"在某种程度上已经成为 W 中学教师们日常生活的重要组成部分。老师们见面的时候聊的是"李老师，你那冬瓜真不错，回头把种子给我留点""老唐，你的菜地要浇水了，刚才我看叶子都耷拉了""老程，你什么时候打药，到时我和你一起去"等。

学校的强力接管。当"菜地"风气日益盛行的时候，学校下发了一份通知，要求所有的菜地在本学期结束时要收获完毕，假期期间进行旋耕，并从下学期开始正式由政教处统一进行规划和管理，分配给高一年级做生物试验田使用。届时未完成收获的地块，将直接进行旋耕，后果由老师个人承担，学校不再另行通知。尽管学校教师抱怨声一片，但"菜地"却在名义上易主了。过去那种教师在菜地上劳作的景象也不复存在，随之而来的是学生在菜地上的追逐、嬉戏和打闹。

学校的意义再造。在"菜地"交由高一年级作为生物实验田之后，由于管理混乱等原因，"菜地"一度成为学校管理被人诟病的地方。如学生借机去偷懒玩耍；农村家长的直接质疑和强烈抨击；总务处预算成本的增加；看不到预定实效等。经过学校校务会再次研究之后，决定将"菜地"全部铲除并铺设草坪，以增加学校绿化面积，提升学校美誉度。在一周之后，随着旋耕机的隆隆声，"菜地"彻底在人们的视野中消失。当人们再次路过这片已被绿油油的草坪所覆盖和修饰的区域时，"菜地"已经成为过往日常生活的一种体验性描述和抽象式感知。

在 W 中学"菜地"的兴衰史中，我们深切地感知并体会到学校仪式空间规训对人们日常生活的规制和形塑。在科技发达的当今社会，学校仪式空间规训实践会以各种方式方法和技术手段来介入人们的日常生活，并支配、约制和形塑人们的日常观念和行为方式，尤其是生活体验和情感寄托。或者说，在一定意义上，学校仪式空间规训实践的形成及效应，正是学校场域中人们碎片化、重复性和弥散化的日常生活所需要的，并可以进行揭示和解释的。由此看来，二者理当是一种互补关系，而不是替代关系。

二、"五好"评选起"冲突"

习近平总书记向全国教师提出"有理想信念、有道德情操、有扎实学识、有仁爱之心"的"四有"好教师的殷切希望。一时间，对好教师的期望、定位、评判和激励成为教育领域中的新动向和新思路，好教师的评选表彰也成为很多学校管理工作的新常态。W 中学结合校情和教师发展实际，从 2016 年开始评选"五好"（好教师、好班主任、好班集体、好学生、好勤管），并出台了详细的评选办法。

福柯曾说过，只要存在着差异就一定会出现权力，事实上也的确如此。W 中学在全体人员中要评选优秀，要分出层次，原本的同事或同学关系瞬时间成了竞争关系，势必会造成人与人之间人为的差异性和分殊化。这就使得原本较为稳定、和睦、融洽的人际关系发生区分性的变化。W 中学在第二届（2017 年）"五好"评选过程中出现了极为"不和谐"的音符。在网络投票环节，候选人纷纷发动学生、同事、亲戚朋友、学生家长等进行网络投票，极个别候选人甚至出现了"花重金雇请网络后台水军"抬高投票数量的现象，一夜间投票数增长了十余万。当看到这种现象之后，教师、学生彼此间恶言相向、相互猜忌，尤其是在 2017 年农历春节这么一个具有特殊情感和传统意义的节日氛围之中。尽管出现了"不和谐"的情况，但"五好"评选还是在备受质疑中迎来了结果。2017 年 2 月 27 日下午，W 中学举行了隆重的"五好"颁奖盛典，M 校长、教师代表 CJ 老师、学生代表 WX 同学均在会上做了发言。

三、"远足"启动坏"规矩"

W 中学为了培养学生的品格毅力和增进师生的情感交流，从 2012 年起开始举行"春季远足拉练活动"。2017 年 4 月 15 日，W 中学在校园中心广场举行了"2016 级远足拉练活动"启动仪式。

（启动仪式开始前，M 校长和研究者共同站在学生集合队伍的右后侧。主持人宣布请 M 校长讲话）

M 校长：怎么还让我上去讲话？

研究者：年级组事先没有和你进行沟通吗？

M 校长：昨天年级 Z 主任只是说让我去授校旗。现在怎么还要讲话？

研究者：要不你上台即兴讲话，给大家鼓舞士气，授完旗就回来。

M 校长：年级 Z 主任怎么能如此随意，我也没准备发言稿……（M 校长说完，很不情愿地向主席台走过去）（20170415-1）。

M 校长在 2016 级远足拉练启动仪式上的讲话

各位老师、同学们：

大家早上好！

今天的天气呀特别适合远足。我们同学们出发前的精神状态特别好、特别兴奋。我也希望看到下午大家返回到这个地方，仍然是一种精神饱满的状态。另外呢，在远足的过程中呀，一方面是对我们耐力、体力的考验，另一方面呢，我也希望能够看到同学们与老师相互交流、相互鼓励。因为特别是在返程的时候，应该是特别辛苦。我希望我们的同学能够发扬不怕苦、不怕累这样的精神，能够把我们的这次远足活动共同努力地让它取得圆满成功。这也是对我们 W 中学 2016 级所有师生的一个考验，我也相信我们的同学们能够做得很好。在这里，我衷心预祝本次远足活动圆满成功。谢谢大家。

我宣布，W 中学 2016 级远足拉练活动正式开始。（20170415-2）

年级组作为仪式展演的合作者之一，不按照预先编排和既定套路进行，改变了流程，打破了仪式展演的应有默契和权力结构。从这个仪式事件中，我们可以真切地体会到仪式的"双重分层"特性。在仪式空间情境中，有"局内人"和"局外人"之分；而在"仪式局内人"之中，还可以分为"仪式的领导者"和"仪式的追随者"。

四、"枇杷"采摘伤"人心"

枇杷，又名芦橘和金丸，作为一种蔷薇科、枇杷属的植物，生长在我国中南部，具有较好的食用价值和药用价值。基于枇杷果实的金黄色外表、历史趣闻轶事、诗词歌赋和书法绘画等，枇杷的文化价值和教育功能逐渐被人们重视起来。W 中学在建校时，为了美化校园，在学校"教学楼—图书馆—食堂—教师公寓"道路两边栽种了许多枇杷树。在每年 5 月份枇杷果成熟之际，W 中学均会如期举办以"收获·感恩·分享"为主题的"枇杷节"仪式活动。

从 W 中学 2017 年"枇杷节"仪式活动规划方案来看，整个仪式活动持续一周多的时间，参与人有校外领导也有校内师生。从仪式活动的主题和学校德育功能来看，"分享"应该是整个"枇杷节"仪式活动的重点和落脚点，是仪式教育中最高潮、最隆重、情感最热烈、效能最彰显的环节。在校团委的组织下，校学生会和各班学生代表进行前两轮"筛选性采摘"，把"个头大""外形美""无瑕疵"的枇杷果分批装篮，由校领导和各科室负责人分别送给相应单位或部门，余下的再由枇杷树承包班级进行自行采摘（第三轮采摘），进行分享。轮到班级学生进行分享之时，枇杷果已"伤痕累累"，学生一周的辛劳付出终究还是以"败兴"收场。"枇杷节"仪式活动，是绝好的教育情境和育人素材，但如此美好的文化符号和情境本身却没能充分发挥其丰富的道德意蕴。

五、"百日"动员创"符号"

对普通高中学校而言，一个必须面对并需要积极回应的问题就是"升学"，这是普通高中学校无法回避的生存性问题和现实性问题。从某种程度来看，"升学"就成了普通高中学校的生命线。在一定意义上，普通高中学校仪式空间的建构、解构和重构也都是基于升学需要的，是以升学为服务目的的。在众多服务于升学需要的学校仪式活动中，"高考百日动员会"是比较具有代表性和例证性的仪式事件。目前，很多普通高中学校都会在距离高考百日的时候举办一场隆重而热烈的仪式活动，以凝聚士气、鼓舞斗志和树立信心。W 中学作为一所省级示范性普通高中学校，自然也是如此。2017 年 3 月 4 日下午，W 中学在中心广场举行 2017 届高考百日誓师大会，并邀请了省内知名心理学家进行心理辅导专题报告。在誓师大会上，学校领导的殷切期望、年级主任的万般叮咛、往届校友的榜样激励、任课老师的谆谆教诲、在场学生的豪情壮志、参会家长的满心期待等通过宣誓的方式构成了一种瞬时共有的集体意识和情感表达。

爱弥尔·涂尔干曾将人民聚集在一起出现的共有体验强化的情况概述为"集体兴奋"，也就是集体意识的形成。依照涂尔干的阐释观点，集体意识的形成至少需要两个相关联、相强化的机制，那就是"共有的行动和意识"与"共有的情感"。其强调人在仪式情境中的"共有"，如专注、互动、行为和情感等，使所有参与者意识到他们在面对同样的问题、做同样的事情、追求同样的目标。遗憾的是，这种集体兴奋是短暂的。只有进行符号化和神圣化，赋予强大的情感能量，方能持久。因此，在高考百日誓师仪式中出现的"标语""口号""宣誓词""吉祥物""六月"以及成功校友等均是被符号化和意义化的情境再生。通过对这些符号或意义的尊崇而让在场的每一个人变得目标更加清晰、斗志更加昂扬、毅力更加坚强，信心更加坚定。由此看来，在一定意义上，仪式实是对象符号化和意义再造化的集体兴奋过程。

第四节　学校仪式空间规训实践的日常性表达

学校作为人类社会发展的产物，在同社会保持着密切关联性的同时，也像一面镜子，时刻留存着人类生产生活的活动轨迹和变迁印记。有相当长的一段时间，学校仪式空间成为人类社会生活的重要组成部分，是人们生存发展和生产生活无法避开的基础问题。尤其是在经过"有形—无形—虚拟"的形态演进之后，学校仪式空间规训实践的日常性更是愈演愈烈。学校仪式空间作为一个综合体，我们可以通过对参与式观察所获取的现象资料进行描述和解释、对收集到的文献文本与具体实物进行现场性探究和分析，进而揭示并勾勒出学校仪式空间规训日常性的整体轮廓。基于学校仪式空间规训的境域独特性、主体限定性、空间指向性和功能模糊性等特点，本研究拟从"国家教育意志""校园卡""家长"这三个视角进行描述性呈现和理解性解释。

一、"国家教育意志"的日常性呈现

教育作为一个复杂的社会开放系统，与自然生态、物质生产、政治、文化等因素相辅相成、相互影响。教育和政治都是人类社会的复杂现象，彼此之间相互作用、相互交融。一方面，政治通过组织、制度、法律（国家意志）和思想灌输等手段对教育进行直接的控制和约制。另一方面，教育反过来对政治产生影响。如通过教育，可以宣传政治理论和观点、组织学生参加政治活动、选拔所需人才、延续或革新政治关系等。在很大程度上，国家政治对教育的权力掌控和意志渗透可以通过一系列政策文本来加以体现的，如《教育法》等。

在谈及国家教育意志的话题时，我想到布尔迪厄在《实践理性：关于行为理论》一书中转引托马斯·伯恩哈德的一段话："学校是国家的学校，在那儿，人们把年轻人造就成国家的创造者，也就是说，只是国家的承担者。当我进入学校时，我就是进入国家……"❶ 由此看来，国家与学校在本质上是存在着一致性和依附性的。21 世纪以来，我国的国家教育意志向理性和本质回归，人的社会生活日常性也逐渐成为国家教育意志关注的重点。通过一系列的法律法规、政策性文本和重大教育变革，我们不难看出国家教育意志的转向和回归。国家教育培养的不再是只会读书、学习、考试的人，而是具有创新精神、科学思维、善于实践、勇于担当，能独立行使个体职责的人。国家教育意志对社会生活中学生主动发展、全面发展和终身发展的日常性的高度重视和极大关注，使得日常性活跃在学校仪式空间规训实践的方方面面。国家教育意志正以层次化、精细化和内隐性的方式对社

---

❶ 皮埃尔·布尔迪厄. 实践理性：关于行为理论［M］. 谭立德，译. 北京：生活·读书·新知三联书店，2007：79 – 80.

会中所实存的每一个人及其日常性生活方式和生存技能产生着影响和形塑。

二、学校"校园卡"的日常性嵌入

兼具身份类属标志和权限区分功能的校园卡，一直活跃在学校组织之中。每当此时，笔者就会想起"差序格局"这个词语。费孝通曾将中国乡村社会中那种"以己为中心、以亲属关系为基础"的网状结构表述为"差序格局"。❶ 此时，借助老先生的视角和智慧，我们可以从这种社会关系和格局中梳理出一个具有稳定性、辨识性和传承性的人的存在标识和表征，那就是身份。在复杂的社会权力关系和结构网络中，人作为社会关系网中的一个结点，具有身份性标识和符号性表征的。伴随着社会的不断发展和进步，社会权力关系和结构网络的极大变革，过去那种宗亲式的身份关系弱化。此时，生活在社会关系网络结构中的人，一方面，会通过各种努力来不断强化已有的身份标识或身份符号；另一方面，又会通过不断创新和技术性手段，去获取并占有新的身份标识或身份符号资本，重新嵌入社会关系网络结构之中，进而使人具有新的身份标识或身份符号。在一定意义上，无论是先天身份的固有和强化，还是后天身份的获得和转化，都是社会权力关系和结构网络的形塑结果。而在人后天身份的获得和转换方面，在学校场域的专属情境中，其较具代表性的实体呈现当属"校园卡"了。

校园卡作为学校场域中人的身份标识性和符号性的有力证明，成为当下各级各类学校管理采用的常规手段。校园卡在有效承载身份识别和验证、管理手段和工具等基本功能的同时，也被赋予了更多的社会性意义表达。在当下的很多学校，校园卡具有身份区隔和分层功能，如学校领导校园卡是红色的，一线教师校园卡是浅蓝色的，学生校园卡是浅绿色的，而外来临时人员是紫色的。通过这些校园卡颜色的差异性，就能够轻而易举地辨识出人的身份。不仅如此，校园卡用无处不在的规训化权力把学校仪式空间中的人联结在一起，并呈现出显著的、可视化的"日常性"特点。从学校仪式空间规训实践中人的入场到退场、早晨起床到夜晚休息、室内

---

❶ 费孝通. 乡土中国 [M]. 经典珍藏版. 上海：上海人民出版社，2013：23 - 30.

学习到室外活动、从吃饭喝水到洗澡理发看病上网等，均在校园卡的日常性关系网络结构之中。在这种语境中，校园卡具备了什么样的效用，人才能被允许做什么样的事情。学校校园卡的日常性功能客观、真实、立体、动态地折射出学校仪式空间规训实践的日常性。

三、"家长"生活模式的日常性轨迹

无论是广延意义上的社会教育，还是具化了的学校教育，素来都不会纯粹地存在着，而是被赋予了多重功能和意义表征，总是被多种主体关注和形塑着。在当今开放、复杂和嬗变的社会系统中，学校已经无法独自完成宏大的教育使命和教育任务，需要各教育利益相关共同努力、精心合作方能有效达成。而在教育利益相关群体中，家长作为相对独立、封闭、动态的特殊群体，作为学校教育的重要合作伙伴、实质性的投资者和消费者，理应备受重视。然而，在部分学校教育过程中，家长却被无情地排挤在学校场域的边缘，形成了"学校主导、家长虚化"的非常态关系。在这种非常态化的、错位的学校和家长关系中，学校和家长日益分离和疏远。学校仪式空间规训境域中的家长始终扮演着矛盾的角色和发挥着别样的价值。我们通过 W 中学一位高三走读学生妈妈的日常性生活作息时间表，能够更加清晰、直观地呈现和揭示学校仪式空间规训实践日常性对家长日常性生活模式的规制和形塑。

W 中学高三走读学生家长（妈妈）时间表

5：30—5：50　起床、洗漱

5：50—6：20　做早饭

6：20—6：40　吃早饭

6：40—7：00　送孩子上学

7：00—7：30　菜市场买菜

7：30—7：50　去上班

7：50—8：00　签到考勤、换工作装

8：00—11：30　上午班

11：30—12：10　回家做午饭

12：10—12：50　吃午饭

12：50—13：40　午睡或整理家务

13：40—14：00　送孩子上学

14：00—14：20　去上班

14：20—14：30　签到考勤、换工作装

14：30—17：30　下午班

17：30—18：10　回家做晚饭

18：10—18：40　给孩子送晚饭

18：40—19：30　洗衣服、拖地或整理家务

19：30—20：30　相对自由时间（看电视、网上购物或到楼下跳广场舞）

20：30—21：20　准备孩子夜宵

21：20—21：50　孩子吃夜宵，洗漱

21：50—22：20　洗碗，收拾厨房，准备第二天饭菜材料

22：20—22：40　洗漱，准备休息（20161109）

对这位家长（妈妈）而言，从早晨起床到夜晚休息，在这长达近18个小时的生活模式中，只有一个小时是真正意义上属于自己的，只有这一个小时才是自己可以灵活掌握和自主支配的。整个生活模式的中心或主轴就是孩子学习，模式样态的呈现和架构也是对孩子学习日常性活动的直接翻版和机械复制，是对孩子在校作息时间表的有机补充和深度嵌套。当笔者看到家长隔着学校大门或院墙围栏给孩子送饭时，看到晚自习结束后在大门口接孩子回家的家长大军时，相信这位高三走读生妈妈的日常性生活模式是高三学生家长日常性生活模式的缩影。由此看来，无论是量化性、机械性、重复性的生活作息，还是"三点一线"的日常生活移动轨迹，这些都是以孩子在校学习活动的日常性为中枢和纽带，以学校仪式空间规训实践的日常性为中轴，形成的模式化和程序化生存生活移动轨迹。在学校场域中，在学校仪式空间规训实践的运作下，这种联系规制和形塑的对象除

学生、老师和家长之外，还包括学校的门卫、食堂的员工、保洁人员等。

通过对学校仪式空间规训实践中学生、教师和家长等日常生活轨迹和模式的描述呈现进行比较分析，我们不难发现学校规训权力对他们日常生活空间的支配和形塑，并充分展现出学校仪式空间在规训权力操控之下的多种面向。尽管日常生活是一种私密性、专属性和个人化的存在方式，但其存在的范围和移动轨迹并不仅仅囿于某一固定端点，而是要层层扩展开来的。这也就形成了学生的"家—学校"、教师的"家—社会—学校"和家长的"家—单位—学校—社会"日常生活和公共生活相互交织和融合的空间格局。这种空间格局得以建构和形塑，关键在于权力因素的支配。

本章小结

教育是人为的，也是为人的。人在自我建构的教育活动中，既把教育视为自身美好生活的重要内容，也把其视为实现这种美好生活的重要手段。由此看来，教育既是目的，也是手段。正是如此，教育在服务于人的同时，又会对人产生着直接或间接的规制和限定性的影响。因此，本章以"日常性的自我表现"为切入点，重点是要对"规训的形塑结果及其对人的影响"这一客观现实进行现象描述、样态呈现和深层阐释，分别从"身体的镜像""规训结果样态的日常性呈现""学校仪式空间规训的日常生活体验"和"规训境域对人日常性生活的影响"四个方面进行逐级表述，遵循"认知—情感—行为"认知心理学的基本逻辑。

总之，对学校仪式空间规训而言，无论是对"身体镜像"的阐释，还是对"类型梳理、特征显现、策略实施、手段选择和结果呈现"的描述；无论是对学校仪式空间场域中人对"菜地兴衰""五好评选""远足启动""枇杷采摘""百日动员"等典型仪式事件的情感体认，还是对"规训实践的日常性表达和对人日常性生活的扩散性影响"进行揭示等，这些在共同指征着"规训在场"的同时，也充分见证了规训权力的支配性、形塑性和生产性。不得不说，规训在给人带来规制性和限定性的情感体验的同时，也在不同程度上改造了学校仪式空间的形态和结构，并赋予了其原生主题意义。

第三章　学校仪式空间规训的成因解析

人是生而自由的，但却无往不在枷锁之中。自以为是其他一切的主人的人，反而比其他一切更是奴隶。

—— （法）让·雅克·卢梭

伯特兰·罗素曾说过：想把任何一种形态权力进行孤立的企图都是错误的根源。[1] 在一定意义上，权力是一种影响和支配对象的力量，是使事情完成和目标实现的方式。在学校仪式空间场域中，权力不仅仅体现在学校仪式空间中"主客体"这样的二元论方面，还体现在学校仪式空间本身的生产性方面和具体的社会行动方面。权力根植于学校仪式空间那些被人视为理所当然的日常生活和行为模式之中。

第一节　"我"是谁

从某种角度来说，"我是谁"是一个具有终极意蕴和探究本原的哲学议题。但在社会学领域，"我是谁"议题同样富有启发性和思辨性，也是极为重要的。在我们对"学校仪式空间规训"问题进行讨论和解释时，一个无法回避的基本问题就会横亘在我们面前，这个基本问题就是"我是

---

[1] 伯特兰·罗素．权力论：新社会分析［M］．吴友三，译．北京：商务印书馆，1991：187.

谁"。在学校仪式空间规训境域中出现的我是我吗？是"国家我""社会我""家庭我"，还是"学校我"？是本我、他我，还是超我？此时，就需要我们对"我"进行多层维呈现和多视域解析。当我们从静态或横剖面的视角对学校仪式空间场域中的"我"进行深度观察和多维解构时，就可以清晰地发现多种"我"之间的较量和冲突，如学校仪式空间规训的外塑性与我自身的内塑性之间的冲突。也就是说，"我"在学校仪式空间规训境域中所表达出的身体、思想、话语、知识和行为，是把多种"我"斗争、挤占、冲突和妥协的结果以外显或可视化的方式呈现出来的。但这种结果是"我"对学校仪式空间规训机制模式或文化情境认同之后的行为自觉还是外在权力压迫之下的被迫接受呢？简言之，学校仪式空间规训境域中我所表露出的身体、言语、思想和行为是"真我"所纯粹自觉性的吗？由此看来，无论是在课堂上"坐姿规范、聚精会神"听课的我，还是在学校公开场合"意气风发、激情四射"发言的我，其实都不过是在什么样的情境场出现与之相匹配的"我"而已。我要做什么、能做什么、可以做什么与不可以做什么，都不是出自真我本心，只是外在情境需要而已。这些"我"都不是"真我"，只是外在情境场中权力、关系、结构和秩序所需要的"我"。由此看来，学校仪式空间规训境域中，"我"不是"我"，只是一种客体化的存在。

第二节　学校仪式空间规训权力的拓植

　　毫无疑问，在对学校仪式空间的占有、支配和利用过程中，权力是核心，也是实质性的主体。然而，生产空间的人并不是实质上管理空间的人，而是那些能够占有他人生产空间并成为空间真正拥有者的人。这些空间的真正拥有者通过一定的手段和方式，来规制、占有、支配和使用他人生产的空间及空间所表征的一切。换句话说，学校仪式空间的基本样态或形态能够直观地勾勒出社会权力的关系和结构。

一、学校仪式空间权力化

在快节奏的当代社会，随着传统礼节及其所带来的身份归属感、精神安逸感和生活温情感的流失、衰退甚至消亡，人们对仪式有着天然的需求。抬眼望去，在视线可及之处，仪式随处可见。无论是实体性存在的学校、家庭和工作单位等实体组织，还是生活中不同个体之间际遇时的沟通交流，都在宣示着仪式的存在和进行。由于仪式的程序化、模式化和可操控性，其很顺利地步入了学校场域，并迅速成为学校场域中重要的教育手段和教育资源，发挥着特定的功效。学校仪式作为学校场域中程序化活动的意义性表达，无论是对学校场域的直接介入性占有，还是其本身程序行为实践和道具符号编码的有效表达，都需要对一定场所的依赖。被学校仪式所依赖的场所，既有仪式介入占有的，也有仪式本身所衍生的，还有仪式意义性所表达的。无论如何，这都在指向并揭示着学校仪式空间的存在性。学校仪式空间既是学校空间中的一个分支、层维和向度，也是学校仪式意义性表达的基本路径和呈现样态，还是学校场域中权力拓植、支配和利用的对象。基于学校仪式空间的境域特殊性、隶属结构性和管理多元性，结合学校教育的权力化、仪式的权力化和空间的权力化，本章围绕"社会行动与学校仪式空间结构"这一基本关系，以国家意志权力为主轴线，从空间效应的视角对学校仪式空间的权力化进行揭示、解释和重构。

二、国家权力在学校仪式空间中的呈现

在国家权力的控制、支配和使用过程中，学校仪式空间无论是在物质性样态方面，还是在实践性逻辑和象征性表达方面，均被深深地烙上国家权力印记。当然，学校仪式空间也在竭力地对国家权力进行自我言说。

（一）物质性样态

学校仪式空间是人与物、人与人等在际遇时所产生的瞬时共有的情感关注和多义的社会性存在，在国家意志权力的支配和形塑之中，被规制成具体的实在的具化的物质实体或象征符号。在学校场域中，遵照进入学校

仪式空间由外向内、由远及近的视域逻辑和可视化特点，学校的大门、国旗和宣传栏等都是国家意志权力具化的表现。

学校的大门。在人的传统认知和思维习惯中，学校大门与其他所有类型的门一样，最原初的意义和功能就是接纳和排斥。但当下社会所存在的门，已经被社会化和权力化了，往往是具有归属性、认同性和排他性等特点的。当我们来到学校大门处的时候，首先映入我们眼帘的是具有学校特色和文化底蕴、被赋予诸多教育意义性表达的大门建筑构造。风格上，有复古的，也有现代的；形态上，有大雁形的，也有钟楼形的。尽管这些学校大门风格迥异、样态百出，但都会在其最显眼也是最重要的位置挂置学校的校名，如 A 省 F 市 W 中学。这块校名牌子的存在，向所有即将进入或已经进入学校的每一个主体表征着学校的政治性归属。与此同时，你进入学校的首要条件就是要同意并接受学校对你的各种管理和身体行为上规制，否则将被严格限制在学校之外。

此外，学校大门除了具有政治归属性和认同性特征，还具有强烈的排他性。学校大门的排他性，并非狭隘地对外来人员的排斥，更多的是一种边界性的排他。学校大门与学校高高的围墙或围栏一起，构成了学校广延意义上的权力边界，宣示着学校对这片场所的占有和使用，其他主体要么敬而远之、另选别处，要么承认学校对这片场所的权力拥有。

国旗和升旗台。以 A 省的两所中学为例，这两所学校仅从校园建筑设施方面就可以看出存在着较大的差距。该乡镇中学建校距今已有六十余年，而 W 中学建校只有十余年。尽管两所学校存在着诸多方面的差距，但有一点却是完全一致的，那就是在学校最核心的位置都耸立着旗杆。学校通过高高耸立的旗杆悬挂国旗，表明学校的政治性身份和国家权力的介入，宣示着"我是国家的，我是国家组成的一个部分"。而在国旗和旗杆的底部，学校一般都会设置一个高高的平台，也就是我们所说的升旗台。升旗台除了帮助升旗手更好地完成升旗仪式物理性效能，还具有进行爱国教育、道德教育等意义和功能。所以，学校的重大活动和学校领导的重要讲话都是在国旗之下和升旗台之上进行的。在这里，学校仪式空间通过升旗台、旗杆和国旗的有机联结，很好地完成了对自己身份、地位和归属的界定。

宣传栏。在各级各类学校中，基本上都会在大门口、行政办公楼、教学区或运动场旁边等人流量比较密集的地方设置一个或多个宣传栏，以便更好地进行自我宣传和向全校师生告知相关信息，如党建事务、学校管理规章制度、学校收费公示、重要事项通知、高考成绩数据和奖惩结果公示等。这些内容在宣传栏中会不断地更新和替换，变化的是呈现的具体样式，不变的是宣传内容背后的权力。在一定意义上，学校宣传栏是国家权力的宣讲者、发布者或传声筒，用一种书面的方式表达着国家权力。

（二）实践性逻辑

在空间社会学中，列斐伏尔将空间划分为空间实践、空间的表征和表征性空间三个层维。其中，空间实践主要指的是行动者通过具体的社会行动实践将社会空间和物质空间所结成的辩证关系加以具体化，并以可视化的物质性样态呈现出来，而权力则隐蔽在这些物质性样态之后。此时，权力只是隐藏，并未褪去。因此，学校仪式空间的实践性逻辑，在一定意义上是国家权力通过社会行动的方式在学校仪式空间的运作逻辑和关系结构。由此看来，在学校仪式空间网状结构中，最为显赫的当属国家权力。国家权力对学校仪式空间的介入、支配和使用，不仅表现在学校仪式空间最直接的样态塑造、功能发挥和意义象征方面，在很大程度上还表现在学校仪式空间对国家权力所赋予的政治性任务完成方面。

（三）象征性表达

如果说学校仪式空间中固化的大门围墙、宣传栏、雕塑、楼宇建筑和运动场等是凝固的权力艺术的话，其表征性和符码性元素则是流动和动态的权力韵律。这些表征性符号在给学校仪式空间带来独特生机的同时，也充分表征着国家权力对学校仪式空间的支配和形塑。一定意义上，在学校仪式空间境域中，国家权力的动态呈现主要是通过话语、身体和道具等表达出来。也许这些话语表达、动作姿势和道具符号存在着诸多差异，但却共同指征并表达着国家权力。在这些动态的指征中，标语则是较为普遍化的。学校仪式空间所涉指的人，一旦接受或默认了标语，在一定程度上就表明了国家权力对人的规制，人就参与完成了对国家权力空间的构建。此时，学校仪式空间中的人也就成了国家权力空间的一部分。标语也就在学校仪式空间内部充当起"国家—学校—人"权力关系和网络结构的重要工具和互动通道。

三、地方权力在学校仪式空间中的呈现

学校是一个社会性的产物，是社会政治、经济和文化等多种资本、结构和模式的组合体。如果我们以学校为静物进行审视和观察，无论是办学规划还是校址选定，无论是开工建设还是完工使用，无论是日常运营还是考核评定，无论是人员遴选还是内容设置，都在指征着地方权力的介入。这些可以通过一系列政策文本和政府文件加以印证。在 W 中学的校史馆中，在最显眼、最重要的位置陈列着三份红头文件，尽管时隔多年纸张已有褶皱，文本已经泛黄，但其所表征的意义和效应却丝毫不曾减弱，反而愈发重要。

四、多种权力在学校仪式空间中的呈现

当我们把学校仪式空间视为一个静止的孤立的复合型整体时，可以清晰地发现在其中运作的权力并非单一的。不同来源、不同类型的权力会在学校仪式空间内展开竞争和对抗。在众多权力形态中，国家权力最为强大。以国家权力为主线进行考察和梳理，其主要表现为"国家权力与其他类型权力的一统性""国家权力现代因素与传统因素的冲突与妥协"。

（一）国家权力与其他类型权力的一统性

在学校仪式空间场域中是存在着多种类型权力的，国家权力主导、掌控和统辖其他权力，具有"一统性"。其他类型权力在接受国家权力对其支配和统辖之余，还要竭力服务于国家权力，甚至要积极融入国家权力空间和关系网络之中，成为国家权力大家族的一员，如知识话语权力。

（二）国家权力现代因素与传统因素的冲突和妥协

国家权力内部现代因素与传统因素的冲突不是敌我性的、对立性的和

排他性的那种性质，更多地表现在学校仪式空间中身体行为姿势、服饰道具和象征性符号等具化的内容或环节的取舍。2014年5月21日，W中学承办了"F市中学生成人礼"活动。在本次成人礼仪式活动方案中，对学生是否要向家长跪谢养育之恩、学生是否要身着汉服和冠冕等，W中学领导多次向相关领导进行请示、汇报、再请示、再汇报。请示和汇报的结果是，关于向父母跪谢养育之恩，跪拜过于传统，不够文明，要改为向父母鞠躬致敬，在此环节，现代性战胜了传统性；所有参加成人礼仪式的师生，都要身着汉服，成人冠在师长授冠之后，再戴在学生头上，这是创造成人礼传统情境所必备的，该环节，传统性却战胜了现代性；宣誓活动是对传统方式和现代使命的有机结合，务必予以保留，在这个环节上，现代性和传统性又进行联合了。由此可见，国家权力中现代因素与传统因素没有绝对的强弱、好坏之分，只有谁更适合而已，必要的话，二者同时出场也是可以的。此外，国家权力内部现代因素与传统因素的冲突，还表现在学校建筑空间的外现样态、学校仪式文化的内容选择和外在形态等方面。

五、学校仪式空间的意义呈现及社会认同

（一）学校仪式空间的意义呈现

通常情况下，人们习惯于将事物的意义视为人们对该事物的心理感受和认知抽象，对社会空间的讨论亦是如此，譬如学校空间。当人们谈论学校空间之时，"实现人生梦想的港湾""人类文明进步的渡船""知识的海洋"等语句就会闪现在人们的头脑中。事实上，学校空间和这些溢美语句着实存在着关系，但学校空间本身和描述修饰学校空间的语句是不能混为一谈的。因为，用来溢美修饰学校空间的语句其实还可以用来描述其他事物，如图书馆等。所以，我们在讨论和研究这些社会空间存在物的时候，必须要加上各自的特性加以区分。这些后来添补的特性很大程度上就是意义的社会性表达。言表于此，笔者只是想阐释一个基本观点，所有的社会空间都不可能只是纯粹的心理感受和认知抽象，也不会只是孤立、机械的物质性存在，而应该是意义与物质的结合体。因此，我们在讨论学校仪式

空间意义的时候，既不能与学校仪式空间的物质性脱离，也不能忽视甚至无视学校仪式空间的物质效用。事实上，学校仪式空间的意义和物质效用总是会形成互为因果的连带关系。正是这种互为因果的连带关系，成了学校仪式空间获得意义的关键，而对二者进行有效连接的正是社会行动。可见，学校仪式空间获得意义正是通过社会行动来完成的。由此看来，对学校仪式空间来说，无论是水平层面的"服从性"象征，还是垂直层面的"权力性"象征，都将会在社会行动实践中赋予社会意义。

（二）学校仪式空间的社会认同

从某种角度来说，学校仪式空间在学校场域中是占据着社会性"主导"地位的。这既是权力拥有者主观努力的结果，也是被权力支配的使用者对其认同的产物，或者说是使用者社会行为的意义更加贴切。由此看来，学校仪式空间的意义是由两部分构成的，权力拥有者的主观赋予和被权力支配的使用者的客观认同。正如前文所述，学校仪式空间是社会权力化的产物，不可避免地被权力拥有者赋予更多的意义。但这种被权力拥有者所赋予的意义效果如何、时间长短等，是要通过该意义是否得到社会认同（即使用者是否认同）来加以体现和确立的。

从 W 中学的调查情况来看，无论是学生家长，还是门卫师傅，都对学校仪式空间及其规训行为有着极大的认同。家长受邀参加家长会、门卫师傅按照要求进行校园巡逻，可能只是一种例行式的行为，但这也恰恰反映出学校仪式空间及其规训行为在得到他们的认同和许可之后，已经在他们的日常生活中得以渗透、维持和深化。

第三节　学校仪式空间规训运作的审视

一、学校仪式空间规训精神符码及其运作

空间是客观存在且具有多种界说和表征，在不同时代、不同学科、不

同领域和不同文化中的认知、理解、表达和建构是不同的，因此空间的概念、意义和表征也是不同的。不可否认，空间的概念界定、意义表达和表征阐释是属于精神空间的范畴。由此看来，在很大程度上，精神空间的建构和运作是通过一套自我形成的权力关系、秩序结构和知识体系来加以完成，对空间中人的种种实践行为产生着直接或间接的影响。比如风水学说、传统审美学等。

科学思维以客观、精确地反映世界为诉求，力求中立、客观和无利益关涉等，而非科学思维则是对科学思维客观性有限性的有效弥补和世界社会性的重要阐释。换句话说，科学和非科学这两种思维是任何研究空间问题都必须面对、关注、强调和回应的核心议题和基本理路。这在一定程度上也恰好印证了人们在对仪式空间进行研究以及空间实践过程中务求主观与客观的有机统一和有效互动。由此看来，精神空间中的风水学说，正是以宇宙观的形式、以人和空间的实践关系来体现出相应的规则、秩序和结构，发挥满足人们的心理需求和维持社会秩序的价值或意义，塑造人在空间权力格局和秩序结构的支配、规制下所习得并要遵守的实践逻辑、行为方式和精神寄托。可见，精神空间符码在充分体现人和空间互动关系的同时，也强烈地要求着人在空间实践中要尽最大限度使物质性空间符合精神空间的要求和规制。只有符合这种要求的空间场所或建筑构造才能获得社会意义上的普遍认同。因此，在精神空间中，区位方正、坐北朝南（或坐西向东）、背山面水等都是理想之选，这也是学校场域中人们空间实践过程中所要秉持和恪守的意念法则与逻辑范式。

众所周知，列斐伏尔曾将空间划分为空间实践、空间的表征和表征性空间三种层维。随着空间认知视域的不断开阔、理论内容的日益丰富和技术手段的日趋智能，人们对精神空间的认知、理解、解构和重构的能力逐渐增强，精神空间的意义也有了更为深刻和全面的解释，进而又会影响到人们的空间实践方式。在现代力量的支撑下，科学知识和思维对精神空间有了更为宽旷和契合的描述和解释，那就是空间仪式化。任何一种空间场所或意蕴表达，都被整合进精神空间的仪式世界之中。

二、学校仪式空间规训物质符码及其运作

精神空间是人们以自身的世界观和利益诉求为取向对物质性空间（或自然空间）进行加工生产、样态再造和意涵赋予的产物，有普遍性的社会意义和象征性的引领力量，具有符号化和隐喻性等特性。因此，就像前文所表述的那样，空间向来不会是纯粹的精神想象，而是要以具体、实存的物质形态为基础和对象。也就是说，精神化的仪式空间，总是要借助或依托于物质形态来进行精神寄托和象征表达。比如，学校仪式空间要具有"教书育人""启迪智慧""润化心灵"等意涵表征和力量传达，势必在其物质性空间形态、布局和配置上有所呈现。在学校场域中，门庭、石柱、建筑群、雕塑、石刻等都是最常态、最普遍的精神空间的物质呈现方式和手段。这些门庭、石柱、建筑群、雕塑和石刻等都是属于标识性、纪念性、留存性和表征性的人为的空间再造之物，在其经久耐用材质的物理性质背后，更集中地表达出权力拥有者或构筑者对时空永恒的诉求和未来美好愿景的向往，宣示着仪式空间中权力的在场和意图。

从空间布局来看，W 中学空间功能区隔明朗、空间形态布局合理和空间效能使用充分，以校园中心广场（升国旗、大型集会和典礼等举行的地方）为圆心或中心主轴线，办公区、教学区、生活区和运动场区分列四周，分别设有南门（正大门）、东门（垃圾车或建筑施工车辆出入）和西门（学校食堂、超市等后勤"三产"车辆出入），人车分流，安全有保障……由此来看，这样的空间形态布局是适合"教书育人"的，是符合精神空间标准和要求的（由于 W 中学位于平原地带，没有高山地形，只能把学校最高的建筑布局在最靠后的位置；此外，W 中学在建校时刻意保留了在校园正门东、西两端的两个天然水塘，经过后期的改造和美化，分别冠之以"问源塘"和"一鉴湖"）。W 中学为了更好地传承"百年名校"的优良传统和文化底蕴，增加历史的厚重感，所有实体建筑外墙均为灰色。不仅如此，位于 W 中学中心主轴线上的第一个建筑是"大门"，其次是"钥匙形状"的喷泉，然后是中心广场，最后是图书馆。甚至是 W 中学建筑楼宇的

门厅标语（如"传承百年文化底蕴、××名校、省示范高中，W 中学欢迎你"）、地面排水井盖雕刻标语（如"省示范高中，W 中学"）和校园围栏墙柱的镂刻标语（如"××名校，W 中学"）等，也都在宣示着权力的形塑、仪式的教化和规训的实指。也就是说，精神化的学校仪式空间在支配人们空间实践行为的同时，也在征用和形塑着仪式空间的物质形态，并通过具体的生产物或产品加以外显。此时，精神化的仪式空间也完成了对物质形态的支配和规制，并对加工和改造后的具体产物或产品赋予更高、更新的意涵、表征和寄寓，进而实现对人们社会行动的新架构或再支配。

在空间实践方式中，建筑素来都是一种重要的诠释载体和表达路径。无论在任何时候，建筑绝不会只是一种冰冷、空洞、僵硬的承载容器和空间艺术，还应该是一种兼具实用功能和意涵表征的社会性载体和象征性传达，并能有效实现人和空间之间的交换互动和权力配置。基于此，W 中学除了在建筑群以灰色为主基色，还在校史馆设计方面采用了徽派建筑风格的"仿古建筑"。仿古建筑是实现社会性沟通的重要方法和有效手段，实现了一群人以仿古建筑为可视化对象和所指性参照，向另一群人传递信息、宣泄情感和传达意涵。在一定程度上，此时的仿古建筑俨然成了一种仪式的抽象模式和权力规训图像的符码。因此，在每年新教师入职、高一新生进校和校外人员参观的时候，W 中学有一个必选项目就是"参观校史馆"。在"人造空间"中，感受学校发展的历史脉络和时空再现，体味着学校空间营造在时代轴线中的变迁和演绎。

学校仪式空间规训的物质符码及其运作策略，让人们再次体会和认识到可视性对空间实践和意涵表达的必要性和重要性。借助索绪尔的"能指"和"所指"的话语来说，这些物质符码能指的是表体上的文字言语和刻痕，所指的却是它们产生的时代境域、意识形态和行为价值取向等。无论这些物质符码表体上的文字语言和刻痕如何，其行为都是指向所指的意境和层维，即使在多次冲突、行动者退场之后，这些留存的人为再造空间的物质符码仍在发生着在场效应和表征界说。

三、学校仪式空间规训禁忌

在空间社会学的语境中，爱德华·霍尔从生物机体理论的视角提出了空间的"领土性"❶ 概念。在这种语境中，领土性显然也就成为空间禁忌最早的起源之一。这种领土性的空间禁忌通过释放种种空间暗示，进一步表达出空间的权力边界和征用效果，在空间实践中把具体施展社会行动和承受权力支配的人加以区隔和划分，进而实现"内外有别、区别对待"的差序化权力格局。

（一）源自空间权力的禁忌

当 F 市政府在开发区规划布局和划拨地块给 W 中学使用时，就已经充分表露出空间禁忌的存在和效力。这宣示着，这片空间场域是 W 中学的领地和权限范围，没有经过许可，他者是禁止进入和介入占有的。这也从另一角度说明，空间所有权是空间禁忌的基础和根本。没有权力归属的空间是没有禁忌可谈的，但空间占有一旦成为事实或归属权力一经明确，自然而然地就会衍生出空间禁忌的种种意识形态和实践行为。空间禁忌的这些意识形态和实践行为，无论是对内部的操纵者（或实施者），还是对外部的被区隔者（或被支配者）都是约定俗成、不言自明的。如，外来者在进入 W 中学之前会自觉进行访问登记和主动接受身份核验。

事实上，依托空间归属权的空间禁忌实质上是对空间场域中资源的支配和形塑，其在传达出国家权威对个人或组织团体进行支配和形塑的同时，也在最大限度地通过挤占、征用空间来寻求空间福利，使既得利益最大化。因此，学校仪式空间不是一种纯粹的存在，"学校空间的领土性"是被"国家的领土性"所覆盖的。在学校仪式场域中的空间禁忌，其逻辑架构和实施步骤也是"分层"的，基本呈现出"个体—小组—班级—年级—学校—属地片区—省级区划—国家"的空间禁忌层级结构。这些空间禁忌的合法性来自国家或地方在教育管理、学校办学和学生发展等方面的政策法规和行政赋权。

---

❶ 爱德华·霍尔. 无声的语言 [M]. 刘建荣，译. 上海：上海人民出版社，1991：175.

总之，空间禁忌的种种意识形态和实践行为，无论是差序化权力格局的建构，还是实利性空间福利的寻租，在很大程度上都与权力主体或由权力所衍生出的利益主体相关联、与空间介入的社会行动相嵌入。换句话说，在空间场域中，当空间禁忌形成并产生影响效力时，相嵌套的社会关系也就自然形成。此时，一个不容忽视的基本事实就是，无论是空间禁忌本身，还是空间禁忌所衍生出的空间寻租和建构的社会关系，都不是一种表面上的、单纯的许可或禁止行为，而是一种被权力所支配和形塑的利益产出。简言之，权力才是空间禁忌的产生源头和运作根本。

（二）源自空间秩序的禁忌

与空间权力所形成的空间禁忌相比而言，由空间秩序所构建的空间禁忌并不直接涉及明确的利益关系，而是以公共空间中人们的社会行动秩序或规范为指涉对象。因此，对公共空间中主体的社会行动，需要通过种种禁忌来保证空间秩序和维持权力格局，如学校的大门，就是空间秩序禁忌最典型的例证。

> W中学校门管理规定明确指出："外来访问者必须进行信息登记和身份核验，经允许后方可进入校园；所有进出大门者，禁止鸣笛，两轮车（电瓶车、自行车等）需下车推行，机动车（汽车、燃油助力车等）要停放在指定位置，行进速度不超过5km/h；大门开放时间：上午6：30—7：20，中午11：55—12：30，下午13：30—14：10、18：15—18：50，晚间21：10—21：40；请勿携带宠物进入校园……"（20160803）

从W中学关于大门管理规定的内容来看，这类空间禁忌依附于空间权力，明确宣称着对空间的占有和征用，其目的主要是对空间秩序的建构和维护，并对介入空间的可能越轨行为加以限制和约束。就像卡西尔所说，"禁忌体系尽管有其一切明显的特点，但却是人迄今所发现的唯一的社会约束和义务的体系。它是整个社会秩序的基石"❶。在W中学，维持秩序

---

❶ 恩斯特·卡西尔. 人论［M］. 甘阳，译. 上海：上海译文出版社，1985：138.

的空间禁忌不仅体现在大门等物质形态上，还体现在校园中随处可见的指导语、警示语和时间表等方面，这些空间秩序禁忌的存在，表征着此种场域中空间实践和社会行动的许可和禁止、开始和终结等。

从某种角度来看，学校仪式空间中遍布的空间秩序禁忌标识，很大程度上表明了现代社会生活中人的存在境域，禁忌性约束增多，受控性密度增强。英国社会学家安东尼·吉登斯在其著作《民族国家与暴力》中围绕"禁忌问题"提出了"风险社会"的基本概念和观点界说。在吉登斯看来，种类杂多的空间秩序禁忌在规范引导人们行为、减少风险伤害的同时，更是一种责任规避、风险转移和效率达成的权力技术。由此来看，在现代社会的冲突或纠纷中，空间秩序的禁忌俨然又具有了权力划分和责任明确的衍生性功能和表征性意涵。

四、学校仪式空间规训布局

在空间实践中，人们往往会通过种种社会行动对社会现象进行规制、对社会意涵进行表征，并总是希望把社会空间置于可操控、可算计和可形塑的状态，以便最大限度地满足和实现自身的相关诉求和权力表达。基于此，空间规划就自然而然地成了空间实践中最广延和最普遍的社会行动或空间介入方式。在这种语境下，学校仪式空间规训布局在学校自身属性与功能、地区提升定位与格局、国家意志支配与形塑、社会发展文明与科技等多种层维中进行区隔和重组。

列斐伏尔曾多次把空间规划布局表述为权力拥有者的意识形态。权力拥有者借助空间规划布局这种流动介质和社会行动，把意识形态中所涉及的历史与现代的、物质与意识的、本我与他者的种种一切都视为空间问题和空间术语。当然，空间规划布局在很大程度上呈现出"社会进化论"的意蕴，也明确表征着人们摆脱自然束缚、改造客观世界的水平和能力。可见，空间规划布局在对学校功能作出精准定位、明确区隔和划分之后，也对学校仪式空间产品的生产、意义的再创和象征的表达等进行了周密考量和深度架构。

总之，在学校仪式空间规训实践的境域中，无论是精神层面的教化，还是物质层面的改造；无论是人际互动的社会建构，还是空间社会的权力拓植，任何一种空间实践方式都体现出"物质""精神"与"社会"这三个层面相融合、相嵌套的复杂形态。

第四节　学校仪式空间规训的谱系学解构

一、福柯谱系学阐释

通过查阅资料发现，谱系学本意是指家族谱系、血缘关系和重要人物或事件渊源的科学。谱系学方法的学习、理解和运用，有助于我们对相关事物的起源、发展和嬗变有较为全面和系统的了解和掌握。尼采曾将谱系学片面地表述为对道德偏见起源的考察。但真正把谱系学发扬光大、正式引入人们视野的是福柯。按照福柯的观点，谱系学所指征的是用特定的方式去建构社会中实存的事物和我们自身。也就是说，福柯把谱系学的内涵界定为一种对关系进行分析和诠释的方法或技术。众所周知，谱系学研究的基本立足点是"现在"，是以此在的现在为研究切入点和突破口，对事物过往的关注和纠缠并非其真实意图。只不过，我们需要弄清楚一个基本事实，那就是此在的现在是如何形成的？换句话说，我们现在所感知的一切存在经历过什么？可见，谱系学最核心的本质，就是通过对事物关系的梳理、勾勒、考察和分析，来透视事物的出身和转化，竭力从微观的关系角度去揭示和解释人类所生活着的社会。由此可见，福柯的谱系学试图构建一种微观的、动态的、断裂的和解释性的关系形成史，进而能够抨击传统、质疑真理和重视异化。从某种角度来看，福柯的谱系学存在着"对事物的控制关系""对他人行动的关系"和"对自身的关系"三个指向，这三个向度都不约而同地指向一个核心词汇——权力。基于此，我们有责任借助福柯谱系学的理论观点和结构框架，动态地勾勒出学校仪式空间规训的谱系。

二、学校仪式空间规训的谱系学考察和解构

基于学校功能的特定性、空间的封闭性和行为的区隔性，在很长一段时间，学校一直被神秘面纱所覆盖。那么，依照福柯谱系学的观点和视角，任何事物都是由关系构成的，而关系的架构却是在权力的支配下达成的。也就是说，学校仪式空间规训最基础和最本质的是权力的存在，并遵照一定的方式或关系结构去支配学校场域中的一切。本研究从学校仪式空间规训中权力的操控对象和实施技术或手段进行描述、揭示和解释。

（一）教育规训的普遍化

1. 规训教育的外现

教育中"规训意旨"可谓源远流长，只不过在最早期，并没有"规训"这样的话语表达，而是用生活化和常态化的"惩罚"一词来进行概述，而与惩罚相生相伴的那就是纪律。也就是说，人们是通过苛刻、森严和周密的纪律来对对象进行约制、限定和利用，通过对对象身体和精神的处置和征服，进而实现其所期待的目标和结果。在人类历史发展的时间脉络中，教育领域中纪律性的惩罚是随处可见的。在原始社会早期，尽管当时社会蛮芜、生产力落后和生存条件严酷，但纪律却有着无比的温情。民族志学者斯泰因梅茨相关研究明确指出，在原始社会中，父母是非常疼爱自己子女的，打骂孩子的现象极少。即使存在着极少的训斥现象，但惩罚的方式也不过分，仅仅是用手或者细软的树枝轻拍一下，最为严重的也不过是不准吃东西。但随着社会生产力和人类社会的不断发展和进步，当孩子不再是由父母进行单独养育，而是交给社会专职人员进行教育和培养的时候，纪律立改往日的温情与祥和，而被严厉的惩罚所取代。文艺复兴时期，以"自由、平等、博爱"为时代诉求，学校中惩罚情况有所改善，但依然存在。在我们国家，尤其是在漫长的封建社会的各级各类学校中，体罚现象也是存在的，手段主要有罚站、罚跪和用戒尺击打等。由此看来，在中国封建社会的学校教育中，惩罚也是一种常态化的教育手段，并且得到当时权威政府、家长和社会的认同。

2. 规训教育的出场：惩罚方式的转向

在漫长的封建社会，学校教育中对人进行纪律控制和约制的手段是惩罚，而这些惩罚手段几乎又都是直接围绕人的身体或肉体实施的，如鞭笞、罚站、罚跪等。这些手段的实施是希望通过给人带来肉体上的极大痛苦或灾难，使人对纪律和惩罚手段产生畏惧和恐慌，进而左右人的身体和行为。到了近代社会以后，直接作用于肉体上的野蛮惩罚被一种新型惩罚体系所取代。这种新的惩罚体系作用点不再是人的身体或肉体，而是人的精神或灵魂，其关注重点不再是对人身体造成的疼痛感，而是要对人的精神进行规训，实现人精神上的乖顺和驯服。

（二）学校空间的权力化

1. 学校的空间性指征

根据历史资料记载，我国早在 4000 多年前的夏朝有了学校教育的形态。伴随着奴隶社会的土崩瓦解，原有学校的各种体系和模式机制被严重破坏，迎面而来的是具有等级性、专制性和保守性的封建社会学校教育。而到了近现代社会的学校教育，无论是在阶级性的隐性方面，还是在教育制度、教育内容等方面，均有了极大的改观和进步。在人类历史发展的整体图景中，我们可以追溯并勾勒出学校及学校教育产生、发展和完善的脉络。在学校发展脉络中，学校的发展历程态势和实践路径选择与所处社会的发展状态保持着高度的一致性，而学校发展的样态和行动实践的选择又都通过学校的空间性加以呈现和表达。在原始社会的教育中，无论是简单朴素的家庭居住屋舍，还是庄重威严的氏族活动场所；在古代社会的学校中，无论是传统规制和传统美学，还是人伦道德和空间秩序；在近代社会的学校中，无论是层级性质的隐退，还是权力化和结构化特征的彰显，都在竭力宣示着一个客观的存在，那就是学校空间。

从词语结构关系的视角来说，学校空间显然是一个偏正的组合关系，学校这个机构或组织是依赖于和受制于空间这个存在实体的。在这种语境下，学校实则是建立在空间这一存在实体之上或之中，被赋予育人化人和传承社会文明特定功能的社会组织或单位。因此，学校的空间性是所有研究学校问题都必须面对并需要做出认知选择的首要问题。但通过对现有学校空间研究文献资料的梳理和分析后不难发现，基本上是把学校空间仅仅视为一种办学的物质性条件和管理的服务设施而已。现有研究关注学校空间物质性并非错误，只是极为狭隘和片面罢了。这种研究视角的窄化和研究对象的物化，严重曲解和撕裂了具有多重社会意涵表征的真实的学校空间。学校空间的内涵是一定的，但属性表达却是多元的。

2. 学校空间的属性表达

本研究对流动的、易变的和可区隔的学校空间进行了静态分析，从以下五个方面来对其属性指征进行概括和陈述。

第一，学校空间的物质性。学校空间作为所有教育教学活动、教育行为和教育问题发生和依赖的客观性存在，是各种办学条件和共存性关系相互交织的综合体。这种客观存在的综合体实实在在地存在于人们所深处的社会世界，是可以被感知、体验和触及的，如校门等。这些冰冷但被赋予特定社会意涵的楼宇和场馆被一并称为教学建筑、教学硬件或教学物质设施。这是学校空间物质性最外显的一种体征。但学校空间的物质性不仅仅只有这些，其还表现在学校场域中人与物、人与人的关系和结构之中。相关专家和学者往往会把学校空间中物与物的关系界定为空间布局，而把物与人、人与人之间的关系界定为空间模式，如学校空间功能的划分、学校建筑楼宇内空间的功能定位和区隔等。以一座六层的教学楼为例，人们通常在建筑空间结构的基础上，为更好地满足人的需求，会对空间进行新一轮的划分和区隔。W 中学在对教室安排妥当之后，特别提出，教学楼每层最左边小房间为男生厕所，最右边小房间为女生厕所，而靠近中间楼梯的大房间为教师办公室，其中三层东头那间采光最好的房间作为校长室……由此可以看出，这些空间模式的规划和调整不再是单纯的物与物的关系，而是人对物的处置和使用，体现出人对物的控制和支配。当然，在人对物拥有控制和支配权力的同时，也毫无保留地显露出人与人之间的分层和差异。这些也是通过学校建筑这一物质实体所体现的。

第二，学校空间的社会性。学校作为人类社会化的产物，无论是社会对学校的衍射，还是学校本身具有的对社会发展的影响功能，都指向一个客观事实，那就是学校具有社会性。而具有社会属性的学校在组织、开展和实施教育教学活动、解决教育问题、达成教育目标、完善教育设施、规划学校布局和区隔空间功能的过程中，无时无刻不在承受着社会对其的影响、干预和形塑。换句话说，学校空间已经被社会权力、意志、关系和结构等打上深深的烙印和赋予丰富的社会意涵。学校空间表面上是固定、静止和被动地存在着，其实是社会权力、关系和意志的真实反映和生动写照。可见，学校空间的社会属性是极其深刻的。

第三，学校空间的生产性。学校空间作为社会空间的一个分支和缩影，在社会权力、关系、意志和结构的支配下，始终对人、物及自身都进行着支配和形塑。换句话说，在社会权力、关系和意志等强烈干预和规制之下，学校空间通过多种方式和精密技术手段在动态地加工和生产着。在这种语境下，学校空间蕴藏着无限的加工和生产能力。此时，学校空间的生产性更多地指向自身的生产性。学校空间的生产性，其实是遵循着"物质—表征""具体—抽象""初次生产—多次生产"的基本逻辑和稳定顺序运行的（见图3-1）。鉴于学校空间存在着生产属性的特性，这在一定程度上显示出学校空间并不是纯粹、中立状态地被支配和被形塑的对象。在对学校空间这一对象进行规划、建设和支配的过程中，学校空间自身的生产性不断得以改进和完善，逐渐地贴切社会权力和关系所期待的那种逻辑结构。

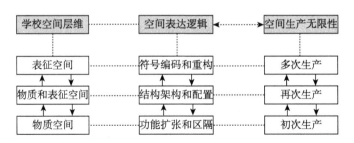

图3-1 学校空间生产性分析示意

第四，学校空间的知识性。从某种角度来说，空间和知识是社会关系中无法剥离的两个具化的存在实体。一方面，知识的价值主张和逻辑框架为空间的认知、设计、区隔和定位以及外显状态奠定了序列基础和基本格调；另一方面，空间在社会权力和关系的支配下，又不断地对原有知识进行补充、修正和调适，甚至在原有知识的基础上生产出新的知识。在学校空间外显形态的历史变迁和内隐结构的区隔重构过程中，权力和知识都发挥了特定的作用。学校空间也在一定程度上充当了权力和知识的中介。在知识的直接介入下，其不仅是社会权力、关系、结构和秩序的一种载体、符号与表征，还成为社会权力和关系在社会空间的插入点。学校空间的模式设计和功能区隔，实则是对权力和知识的社会实践。

第五，学校空间的现代性。学校空间，是一个被权力拓植、关系交织、结构框定和行动干预的社会存在。从现代性的视角对学校空间进行认知、理解和解构，有着独特的价值和意蕴。在很大程度上，在国家意志和多种权力的规制和拓植下，现代性成了学校的一个显著标识和重要特征。从社会学的角度来说，现代学校的形成和确立是学校空间现代性的主要标志和基本构件。在社会现代化的境域中，当学校空间所设计和区隔的功能样态能够在现代社会空间中运行和发挥作用的时候，权力已经完成了对学校空间的现代性规训和形塑。

3. 学校空间的权力化

权力，无论是在政治学、社会学还是教育学中，都是一个核心概念和永恒话题。霍布斯将权力（权势）描述为"一个人取得某种未来具体利益的现有手段，一种是原始的，另一种是获得的。自然权势（原始权势）就是身心官能的优越性，如与众不同的膂力、仪容、慎虑、技艺、口才、高贵的出身等等都是。获得的权势则是来自上述诸种优越性或来自幸运、并以之作为取得更多优势的手段或工具的优势，如财富、名誉等"[1]。英国社会学家罗素将权力界定为"有意努力的产物"[2]。而福柯认为"施加于肉体

---

[1] 霍布斯. 利维坦 [M]. 黎思复，黎廷弼，译. 北京：商务印书馆，1985：62.
[2] 伯特兰·罗素. 权力论：一个新的社会分析 [M]. 靳建国，译. 北京：东方出版社，1988：23.

的权力不应被看作是一种所有权，而应被视为一种战略；它的支配效应不应被归因于'占有'，而应归因于调度、计谋、策略、技术、运作；人们应该从中破译出一个永远处于紧张状态和活动之中的关系网络……这是一种被行使的而不是被占有的权力"❶。根据福柯对权力内涵的阐释可以发现，福柯所持有的权力观念已经不再是某一职能部门或意识形态上的具体的影响力和支配力，而是具有多种表征的关系和结构。这种微观权力无时不在、无处不在，人所深处的社会世界以及自身都被这种微观权力所笼罩、约制和规训。正如苏尚锋所表述的，学校空间是人为的，也是为人的。无论是学校空间自身的规划布局、模式建构、功能区隔和场所圈定，还是学校空间中教育内容的选择、教育活动的组织和知识话语的形成，一直都被权力深深地支配着。从广延的意义角度来说，你所看到的客观存在的学校空间已不再是纯粹的自然的物质实体，而是被不断规制和形塑的意义综合体和中介符号。可以说，每一种权力或关系都会生产出自己所属的空间；反之，空间也会体现出这种权力或关系的内容和存在。此时，我们还需要有一个清醒的认识和理性的判断，学校空间的权力化，一方面表现在外部权力对学校空间实体的支配和形塑方面；另一方面表现为学校空间本身对其内部的物与物、物与人、人与人的存在样态和关系层级进行规制和框定的权力。如果我们需要对两个方面的内在关系和逻辑结构进行梳理和分析，两个方面只有接受权力支配、控制和形塑的具体对象与阶段次序方面的差异，并没有本质上的差异和根本性的改变。

（三）社会仪式的泛化和转向

1. 仪式的起源和演绎

通过查阅现有的文献资料发现，仪式的起源和人类的起源基本保持着一致，而仪式始终是人类社会宗教活动过程中常见的社会行为和社会实践。在原始社会早期，尽管当时的人们并未觉察到他们的生存方式、生活行为和情感表达等存在着仪式或具有明显的仪式化特征，但仪式却客观地

---

❶ 米歇尔·福柯. 规训与惩罚：修订译本［M］. 4版. 刘北成，杨远婴，译. 北京：生活·读书·新知三联书店，2012：28.

存在着。在原始社会早期，当一群人通过分工合作捕获一只野物，在分食之前，用野物的鲜血洒地，群人拜天跪地，口中还念念有词。同样，古代周人在祭祀天地过程中，也有着特定的杀牲、洒血、焚牲、跪拜和呓语等行为方式和稳定的天地、星辰、司命、社稷和川林等操作程序。而在当下中国西北部的少数民族中，仍然延续着同样的祭祀天地的仪式行为。当然，仪式不会仅体现为对相关实物的处置，还表现为人类自身在仪式过程中的身体样态和动作姿势。从某种角度来说，仪式是人类主动营造出的一种情境意象、情感互动和信仰表达。我们往往能在虚拟的仪式世界中真实地感受到瞬时共有的情感流露和矛盾复杂的人际关系。几千年以来，尽管仪式的时空样态发生了改变，仪式的展演技术进行了革新，仪式的操作程序经历了更替，但仪式的核心本质和根本属性却丝毫不曾改变。简言之，仪式始终是被权力和关系所支配的并由人进行组织实施的虚拟化的符号表征和情境意像。

2. 仪式的泛化和隐喻

在人类学、社会学等多重学科视角下，具有明确意义和喻指性的仪式被划定为人类经验的一个分支概念的范畴。兰德尔·柯林斯将仪式概述为"一种相互专注的情感和关注机制，它形成了一种瞬间共有的现实，因而会形成群体团结和群体成员性的符号"[1]。很多专家和学者倾向于将仪式视为社会结构的表征，并明确提出仪式存在的首要功能是维持秩序或彰显文化价值。在一定意义上，仪式本质上是一个身体经历的过程。在一定的社会权力关系和时空情境中，人们的身体只要聚集在一起，就很自然地开启了仪式互动的亲历模式。也就是说，仪式是通过社会中人的身体动作和行为姿势进行的，只要人的身体和行为有所活动或者彼此之间产生情感际遇，就表现出仪式的真实存在和正在发生。所以，仪式以其特有的方式和路径分布在人类社会生活中的每一个角落，无一遗漏。如果以人的一生为考量限度的话，从出生到死亡、从吃饭穿衣到入学看病、从家庭

---

[1] 兰德尔·柯林斯. 互动仪式链 [M]. 林聚任，王鹏，宋丽君，译. 北京：商务印书馆，2012：v.

到社会的每一个时间跨度和场所转换，均体现出仪式的存在。换句话说，在人类社会中，仪式无处不在、无时不在，普遍化、广延式和泛化性地存在着。

从静态分析的视角来看，仪式可以被理解为是由一系列肢体动作、行为姿势、言语、器物、服装、声音、时间、道具等组成的一个庞大、繁杂、系统的象征系统。在仪式的情感关注和情境营造中，这些道具化的客观实体已经不再是其原本认知范畴和价值体现，而是在情境中被赋予象征意义和注入情感表达，比如事件中的隐性知识。虽说隐性知识难以描述和言明，但可以通过隐喻或象征的方式在事件仪式中进行充分领悟和有效表达。隐喻方式和象征方式的共性在于，借助具体的道具实物之象，来表达该实体道具之意，如18岁成人礼仪式中的生日蛋糕和成人之冠、高校毕业典礼中的学位帽等。

3. 仪式的转向和偏离

当社会仪式被框定和囿于学校场域的时候，社会仪式的研究对象也就转向学校场域中的日常活动和行为方式，其已经在不知不觉中开始了转向和过渡。从一定程度上来说，学校仪式就是社会仪式时空范围、意涵表征和价值功能转向后的结果呈现。然而，通过对现有研究文献资料和学校仪式现场实例的审视、梳理和解读，再把具象化的学校仪式与宏大的社会仪式进行对比和分析，可以发现当下的学校仪式与传统的、广延意义上的社会仪式有着些差别和改变。作为学校场域日常生活中的文化事件、行为现象和充满着规定性意义的学校仪式，也在目标定位、行为规范和功能呈现等方面存在着偏离。

我们所要做的就是竭尽所能，让学校仪式的价值得以回归本位、情感得以有效互动、信仰得以真实表达。

4. 学校仪式的权力及其运作

正如福柯所论及的那样，权力是无处不在的。学校场域中的权力也无处不在，只不过具有更强的隐蔽性、精确性和技术性。如此隐蔽、精确和严密的权力就隐藏在学校场域中各种日常活动和行为现象的身后，并通过程序性的学校仪式来加以呈现和表达。学校仪式外现的是一系列身体动作、行为姿势、道具和符号等，但其背后却隐含和喻指着权力。换句话说，学校仪式实则是学校权力的外现样态和运行机制所形塑的结果。由此看来，在学校场域中，权力和仪式有着非同寻常的耦合性，使得权力和仪式结成了"同盟"。在一定意义上，仪式是通过隐喻的方式赋予威权。从静态分析的视角来看，学校场域中的仪式被权力意志所驱使、被规训权力所规制、被知识权力所架构。

综上所述，学校仪式空间规训实则是学校场域中权力、空间和仪式以微观的方式和谱系学的方法进行的共谋。在这场高密度、精确化和展演性的共谋情境中，权力是根本，也是实质，而仪式空间充当了"排头兵"和"合伙人"的中介角色。此在的学校仪式空间不是规训权力运作的场所和情境，而是规训权力本身。

三、学校仪式空间规训背景的社会学解读

学校仪式空间规训作为一种社会性存在，我们对其存在的背景可以从时间和空间两种基本理路进行考察和梳理。

在时间考察的向度上，从人类起源之时，就昭示着权力、秩序和结构对教育的规制和形塑，尤其是学校仪式空间规训中权力在仪式空间层维上的支配和形塑，也指征着学校仪式空间规训外现样态的一种历时性过程。当我们把学校仪式空间规训外现样态放在时间序列或主轴线中进行观察和考量的时候，其就具有了考古学理论中的沉积层特征。既然学校仪式空间规训具有了社会产物性的沉积层，那它就在人类历史中被社会行动不断地累积、改造和修饰。此时，我们以时间为轴线，暂且将学校仪式空间规训分层如下：从学校起源到封建社会清朝末期，为第一层。学校仪式空间的功能和样态基本是在这一阶段形成的，也是其支配和形塑最为强烈的时候。从清朝末期到新中国成立前，为第二层。这一时期由于国内时局的动荡和战争的严重破坏，是学校仪式空间规训运行较为艰难的时段，也是控制和支配力相对较弱的时段。从新中国成立到 20 世纪末，为第三层。总体来说，这一时间段是新中国教育快速发展和崛起的时期，随着各种教育制

度的确立和政策的颁布，制度化的学校仪式空间规训也更加强势。这一时期，其支配和形塑的力度逐渐增强。从21世纪初到现如今，为第四层。在这二十余年中，在教育信息化和技术智能化的掩饰下，学校仪式空间规训正在发生积极改变。

在空间考察的向度上，学校仪式空间规训作为人类社会的产物，始终与其所存在的场所和周围世界产生着关联和影响。这既与人们对空间持有的观念有关，也与空间本身的区位划分和功能定位有关。在这种情境下，学校仪式空间规训因其对主体的价值和功能而承载着相应的社会行动。采用一种时间定格和空间静态的分析视角，我们可以清晰地梳理出学校仪式空间规训对周围世界的功能辐射和空间转换，与人类社会进步和整个国家发展可谓互为表里、相互印证。如果把其作为一个整体的实存客体来看，其并不是孤立的。它像一个自带光源的辐射点，折射出一个空间转换的扩散性网格化结构网络（见图3-2），也在某种程度上显现出社会行动在空间样态中的存在。在这样的空间网格结构中，学校仪式空间规训的社会行动是有着明显区分和显著边界的。从最微观的学校空间，到中观的城市、省份再到宏观的国家，学校仪式空间规训的社会行动越来越宏大，直至与整个社会空间融为一体。学校仪式空间规训的社会行动和操纵着社会行动的权力也就在微观和宏观的社会空间结构中来回穿梭。这是研究"学校仪式空间规训"问题所必须持有的一种方法逻辑和理论视角。

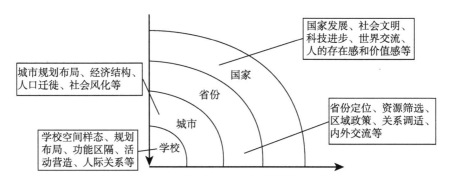

图3-2 学校仪式空间规训"扩散性"网格化结构示意

本章小结

学校仪式空间作为一种具有多重表征的意义主体实存在学校场域之中。其空间形态、实质表达、意义建构如何以及又会发生怎样的变化等，这些都取决于学校仪式空间的真正拥有者或实质性主体。换句话说，谁拥有了学校仪式空间，谁的意志、利益和诉求就会在学校仪式空间实践中得以体现并加以维护，谁就能支配着学校仪式空间的生产。因此，本章通过对"'我'是谁"的类属架构和层维剖析，对"国家权力对学校空间的拓植、冲突、意义呈现和社会认同"的梳理和分析，对学校仪式空间在精神符码、物质符码、空间禁忌和空间布局等方面运作机理的透视和解读。紧接着又借助"福柯谱系学"的思想智慧和理论主张，对学校仪式空间规训进行观察、梳理和解读，对权力这种拥有者、支配者或规制者等"真正主体"的身份和地位进行印证。

第四章　学校仪式空间规训中人的能动抗拒

在黑暗的时代不反抗，就意味着同谋。

——（法）让－保罗·萨特

从某种角度来说，人是意义的存在，具有社会实践性。而这种持续的实践性，是具有目的性、意图性或动机性的，是需要以反思为前提的。由此看来，人的实践行动并不是由一堆意图、目的或动机的随意堆砌和杂乱拼凑构成的，而是以理性为基础对行动进行的能动编排和持续监控。正是在这种理性化、持续化的实践行动中，人具有了"能动"的资格，并通过一定的方式、途径或介质去介入、干预周围世界，或者竭力摆脱来自外在权力或规制对自身的干预。

第一节　学校仪式空间规训中人的能动抗拒实质

当我们谈及自由的时候，往往是充满着诗意和神性的，并指征着美好和良善。康德曾在道德哲学层面对自由进行探讨和阐释，其主张人要遵从自己的自由意志进行思考和行动，要为自己制定规则和颁布法律，进而达到理性自身的自由。❶ 从康德的表述内容来看，其将自由以自我立法的形式赋予人，将自由理解为自由意志。从某种角度来说，当人人都自我立法

---

❶ 康德. 实践理性批判 [M]. 韩水法，译. 北京，商务印书馆，1999：5.

的享有自由时，此时的自由是狭隘性的或割让性的，具有较强的明确性和限定性。或者说，康德所追诉的自由是一种自欺欺人的自由，这种自由在实质上是不自由。无独有偶，以赛亚·伯林将自由分为"积极自由和消极自由"❶。在伯林看来，这两类自由的差异性或区分度主要在于"我要做什么"和"我能做什么"，一个是自我性的、自己可以决定的，另一个是外在许可的、不受或少受外在性干预的。毋庸置疑，积极自由和消极自由都真实地存在着。当学校仪式空间规训境域中的人在享受着消极自由的同时，权力拥有者或执行者又会通过积极自由的理想去激励和引领他们。

在这样的语境下，学校仪式空间规训境域中人的能动抗拒在很大程度上并不是出于自我本性需求和自由意识，而只是对自身周围存在的制度、规范、规则等进行抵触和抗拒，是一种低层次的抗拒。

第二节　学校仪式空间规训中人的能动抗拒表达

正如马克思所表述的那样，人的主体能动性充分表明人是具有认知、批判、反思、改造和行动能力的，能够通过行动实践重建主体意识。在学校仪式空间规训实践现场中，当权力拥有者和实施者对学生进行种种支配和形塑的时候，尽管服从、驯顺、乖巧和听话占据着主导地位和绝对优势，但也并非唯一的样态，学生也在能动地寻找着抗拒的方式和逃逸的空间。

一、言语能动

在学校场域中，言语是构成空间秩序、角色分配和意象表达的一个公开化的有效载体。在学校仪式空间规训实践中，无论是言语权力的一端独大，还是言语内容的力量渗透，都在表露出言语"温和的暴力"的意旨。值得深思的问题是，学生的抗拒性语言是怎么表达出来的？表达出这些抗

---

❶ 以赛亚·伯林. 自由论 [M]. 修订版. 胡传胜，译. 南京：译林出版社，2011：189.

拒性语言需要什么样的情境？造成抗拒性言语的表达者心态复杂的权威条件有哪些？

"放视频"风波

（晚自习上课铃声刚结束，政治老师就进入高一（2）班，要求大家利用自习课把资料上的课时作业写完。一时间，下面议论声响成一片。政治老师用力敲了敲讲桌。）

政治老师：大家静下来写作业，有问题举手示意。

学生甲（小声地说）：老师，都上一天的课了，我们的作业也都基本完成了，能不能让我们看一下视频？

其他学生：就是的。老师，隔壁班级昨天晚自习就看了。

政治老师：不行……

所有学生：嘻……

政治老师：好了，都不要闹了，抓紧时间静下来，好好地自习。作业写完的，进行复习，期末考试也快到了。

班级学生：哦。（用力地取书、翻书和拿笔，弄出较大的动静和声响。）（20170613）

在上述"放视频"风波中，学生的言语抗拒程度是由对教师威权的认知程度而决定的。学生紧扣"课任教师""政治学科"和"晚自习"概念类属，在对这三个场域力量的大小进行评估和比较分析之后，来进一步决定抗拒行为的方式和程度。学生先通过"试探"性的言语进行抗拒，得到班级同辈群体的积极响应和支持后，抗拒进一步增强。尽管抗拒意志表达失败，但仍通过"取书"弄出声响等方式来宣泄心中的不满和气愤。

在学校仪式空间规训实践中，学生势必在潜意识中也会认识到抗拒效果是微弱的，甚至是无效和徒劳的。他们这种表面上的服从、乖巧和听话，只是暂时性的。内心深处的能动性抗拒更多的是希望现有规范性制度和强制性纪律有所松动。即使学生有充足的理由和足够的证据也不敢在教师面前直接讲明，只能在背后发发牢骚和小声议论，显得极为无奈和无助。

在言语抗拒过程中，有一个力量是我们不能忽视的，那就是同辈群体力量。在能动的抗拒过程中，一旦同辈群体力量介入，会让群体中的个人"安全感"倍增，而且有了极大的仿效性和从众性，"别人都能做，为什么我不可以做"，进而使自己在行为和语言上也变得"无所顾忌"。即使明确知道抗拒行为会遭到规制和处罚，但在"法不责众"思想的驱使下，依然会"我行我素"。在某些问题上，更易使学生群体进行联盟和共谋的抗拒。尽管在很多时候，这种联盟和共谋的抗拒常常表现得较为温和与柔弱，但却充分地彰显出学生"自我解放"和"反抗压制"的意义表达。

当然了，在学校仪式空间规训实践中，学生所有的言语并不都是对规训权力进行抗拒的，有一部分言语是出于"帮忙"的初衷，但这种帮忙性的言语所表现出来的结果却让老师觉得更加棘手和烦躁，使老师的威权受到更大的冲击和挑战。

> 班主任：上课都十多分钟了，咋还静不下来？
>
> 班　长（大声地）：老班，现在班级乱得很，我记名字都不管用了。
>
> 班主任：没有这么严重吧？
>
> 班　长：老班，只有你在的时候，大家表现得很好。其实，是装样子给你看的，都鬼着呢。我也一直在想办法，但毫无效果。(20161219)

综上所述，根据抗拒的方式选择和力量强度，我们可以将学生能动性的言语抗拒初步划分为三种类别：一种是在"帮忙"心理的驱使下寻找自身存在和依赖的空间；一种是在严密的规训权力机制中寻找相对自主的生存空间；还有一种是直接采取冲突、对抗或不服从的抗拒状态。无论是上述哪一种情境和类型，学生在与老师、学校的言语互动中，使用群体特有的能动性言语抗拒来宣示着自身的存在。

二、肢体能动

在学校场域中，学生能动的抗拒不仅表现在语言方面，还表现在学生能动性的肢体方面。学生通过能动的肢体动作最大限度地寻找和拓展自身的自主品性和自由空间。

在 2 号教学楼四楼办公室，Z 老师（担任班主任工作）正在训斥一个上课期间玩手机被逮到的学生。Z 老师非常生气，训话气势宏大、语言犀利，这位学生却一副无所谓的样子。Z 老师越说越生气、情绪很激动，可这位学生却把脸扭向一边，双手插在上衣的口袋里，颠着右腿，偶尔会轻蔑地歪嘴冷笑一下……（20161108）

在上午大课间跑步过程中，有七位学生（六位男生、一位女生）没能按照量化标准要求做，结果被值周班级扣掉了班级量化分数，Z 老师比较生气。在跑步结束后，Z 老师特意把这七位学生留下来，作出"再跑一圈"的处罚，以示惩戒。这七位同学极不情愿地接受了处罚，但在跑步过程中，动作缓慢、时跑时停，偶尔还相互打闹一下。等他们一圈跑完回来，第三节课上课都已经有二十分钟了。（20170526）

在下午的数学校内公开展示课上，J 老师展示出一个探究题，请大家在独立思考后再进行相互讨论，最后由学生上前台进行解答。当 J 老师把任务内容说完后，教室内鸦雀无声，学生丝毫没有独立思考和相互讨论的样子，在请同学到前台解答时，也没有一位学生主动举手。J 老师没办法，只好让学科代表去解题。事后了解，其实这个探究题学生基本上都会，而且起初在班级进行预演时，学生积极配合、全力以赴。（20161019）

以上所描述的学校教育现场片段，有些是明显蕴藏着强烈的抵触和抗拒的意识，有些是在情境中即兴所做出的行为表现。即使老师的要求再翔实、制度再完善、纪律再严明，学生总能寻找到一些应对惩罚的方式或手段，一定程度上使得惩罚的效果降低。但不管怎么说，这种应对惩罚的方式或手段确实是学生能动性的表现。

在学生和老师这场抗拒性力量较量中，有时会出现"戏剧性"的变化。老师对规范性制度是否执行、执行的程度如何，往往会造成师生之间、生生之间的剧烈冲突和对抗。

　　（晚自习课上，班主任突然把 S 同学叫到教室外面。）

　　班主任：刚才你干什么了？

　　S 同学：我在写作业呀。

　　班主任：你再说一遍？还写作业。把你袖子里的东西拿出来？

　　S 同学：没什么。

　　班主任：怎么？还要让我亲自动手吗？

　　S 同学：磨磨蹭蹭地拿出一部手机。

　　班主任：你不是在写作业吗？这是啥？我都在教室外面盯你半天了。老规矩，我先替你保管一学期。

　　S 同学：为什么只收我手机？自习课上玩手机的又不止我一个。

　　班主任：还有谁？你说？

　　S 同学：那是你的问题。反正你就是针对我。（20170224）

　　在师生之间的这种抗拒中，S 同学用她的抗拒行为将矛盾焦点转移到班级的其他学生身上，可是又担心打"小报告"被其他同学孤立和排斥，只好进行了抗拒状态的转换。然而，有时候也会出现"城门失火、殃及池鱼"的"连坐式"惩罚。

　　W 中学高一（2）班因为上午第五节课（自习课）下课前，有几位学生偷偷溜到食堂吃饭，被校长逮到了，并在下午的全校教职工大会上进行通报批评。这让班主任 Z 老师很窝火，也很丢脸。在第二天上午临近放学时，Z 老师进入教室，声色俱厉地问昨天上午放学时有谁先跑出去了，全班学生无一人主动承认。Z 老师连问三次，依然如此。Z 老师最后说，那行，既然都不承认，那今天中午大家都不要去吃饭了。Z 老师在班级内看着学生，直到十二点半，才允许学生去食堂吃饭。（20170109）

　　在师生的种种抗拒中，由于老师的威权、地位和角色等被明确赋权，所以老师习惯于将自己受到的压力转移到学生群体身上。在学生同辈群体中，原本作用于整个群体的压力和约制，更容易转移到深处困境旋涡的个体化学生身上。在这样的逐级转移过程中，直观地呈现出常规化的"抗拒力量"却表现出不常规的现象，既是对常规的一种引申，也是对常规的一种异化。

在学校仪式空间规训实践中，在师生之间肢体动作抗拒的视角下，学生一直都在用他们的身体去感知和验证周围世界所发生的一切变化。在这个用身体去感知和验证的场域中，学生表现出什么样的身体样态很大程度上是要取决于周围世界中的人传授并赋予他们什么样的认知经验和意识形态。如"考上重点大学的学生都不会在上课期间睡觉的"，此语一出，本想打瞌睡的同学就会立刻坐得笔直笔直的，毫无睡意。在这个例证中我们可以发现，在学生的脑海中很早就被灌输了"上重点大学是光荣的、正确的、极为了不起的人生大事"的固有观念和思维。当老师再次提及上大学的认知符码时，学生立刻就形成认同的共识并积极去践行。在某种程度上，学生的这种肢体动作并不是对规训进行抗拒的，而是学生的肢体能动性和规训权力体制所达成的"共谋"。因为学生深信，只有肢体动作做到这些，才能实现心中的理想和目标。此时学生肢体动作的能动性，是在对规训权力体制进行深刻认识和解读之后的能动。通过观察学校仪式空间规训实践中学生言语和肢体动作的能动性，展现出了"动态过程的权力场域"。

第三节　学校仪式空间规训中人的能动抗拒形态

在学校仪式空间规训实践的境域中，学生、教师、学校管理者、家长等教育利益相关者会在各自的社会分工和角色认知中进行能动性抗拒和主体性表达。本研究基于 W 中学仪式空间规训现场实际，以教育利益相关者在规训化样态中的能动抗拒范围和主体表达程度为研究参照，对人的能动抗拒形态进行描述、分析和解释。

一、学生

从某种程度上来说，形态是外显的、可视的和较为稳定的。学校场域中的学生抗拒形态主要是指学生为抗拒来自教师及学校的种种规制和形塑所表露出的外在的言语、身体行为、肢体动作或内在的思想观念和认知态度。学生借助这些外在的言语和行为、内在的观念和态度，表达出对老师及学校种种规训的能动抗拒。学生对规训进行抗拒时所持有的排斥一方面来自对学校规训体制的畏惧和胆怯，另一方面来自对学校规训的初衷和动机的透彻理解。从管理的视角来说，学生在学校场域中的种种抗拒意识和行动策略，通常被界定为一种学校失范行为。美国著名社会学家默顿从文化目标与制度规范是否接受的角度，提出了"顺从者、创新者、形式主义者、退缩者和反叛者"❶ 五种适应社会结构的方式。伍德在默顿观点的基础上，从遵从和抗拒两大视角，将学生的适应方式划分为八种形态，遵从视角下有迎合、顺从、形式主义和机会主义方式，抗拒视角下有退缩主义、殖民地化、不妥协和反叛。❷ 此外，麦克拉伦还对抗拒形态的性质进行了积极性和消极性的区分等。❸

本研究通过文献的整理和分析，结合 W 中学仪式空间规训实践中学生能动性抗拒的现场片段，将学生的抗拒形态分为破坏型、质疑型、过渡型、寻乐型、伪装型和暂顺型六种类型。这些抗拒形态不仅包括学生外在的言语、身体行为和肢体动作，还包括学生内在的认知经验和心理态度，以及与教师、学校进行抗拒时的互动关系和接受程度等。本研究通过对 W 中学教育现场进行参与式观察和开放式访谈，描述、揭示和理解性解释学生的种种抗拒形态，希冀诠释出这些抗拒形态在学校场域中的意义建构和意向表达。

---

❶ MERTON R K. Social theory and social structure [M]. New York: Free Press, 1968: 194.

❷ WOODS P. Sociology and the School: an interactionist viewpoint [M]. London: Routledge & Kegan Paul, 1983: 85 –92.

❸ MCLAREN, P. The ritual dimensions of resistance: clowning and symbolic inversion [J]. The Journal of Education, 1985, 167 (2): 84 –97.

（一）破坏型

在学校场域中，所有的学生抗拒形态当属"破坏型"最为外显和具有力量的视觉冲击性。在 W 中学，每年的 6 月份是公物损坏最为严重的时段，校园中的绿化景观、公共电话厅和垃圾桶，宿舍内的门窗和洗漱台，教学楼偏僻位置的消防指示灯和窗户玻璃，厕所中的挡板和废纸篓等，都属于报修的重灾区。从时段来看，这些破坏性行为尽管平时也会零星存在，但极度膨胀却主要集中在每年的 6 月份，尤其是在高三毕业学生离校前后。学校场域中的种种破坏公物行为显然是一种失范的报复性行为，在对具体实物进行破坏或摧毁的同时，也充分宣泄和表达出学生对学校规训的抗拒。由此可见，破坏型的学生抗拒形态在很大程度上表现出以破坏公物来满足心理快感、以僭越权威规范来增强自豪感。

学生的破坏型抗拒行为除了表现为对物品的损毁，有时还会表现在对学校各种教育教学活动和管理行为秩序的挑战方面。在学校场域中，铃声往往表征着某种规范、约束和区隔。但对具有破坏型抗拒行为的学生来说，铃声只是一种情境状态转换的提示信号，把老师在场作为一种认知符号纳入情境中去。上课期间，学生表面正襟危坐，但私下小动作不断；下课铃声响起，他们迅速冲进校园超市，购买饮料、零食等。由此看来，这些由铃声所营造的教学活动秩序，在他们的认知世界中，似乎没有强烈的规范意味，只是换一种情境而已。

> 上午第三节课是历史课，刚上课不到十分钟，M 同学突然站起来大声说："老师，我生病了，需要到校医务室去。"然后，M 同学的"好朋友"小张和黑皮也主动站起来，表示要陪同 M 同学去看病。老师默许后，三位同学艰难地走出教室。就在离开教室不远，忽然听到三位同学哄笑的声音，并迅速地从楼梯向下跑去。很快，教室内的老师和其他同学通过明亮的玻璃窗，看到三位同学一蹦三跳地向学校超市的方向跑去。（20170414）

由此看来，课堂教学秩序被已身在教室之外的 M、小张和黑皮三位同学以"看病"这个堂而皇之的理由给破坏了。这在很大程度上使得学生的这种破坏型抗拒行为让教师权威以及监督和评价行为受到冲击和挑战。在很多时候，教师威权一旦受到挑战或侵犯，教师通常会用"清场"或"剥夺在场（身体或心理）"的方式对违纪学生进行惩罚，如到教室外面罚站等。在学生能动的破坏型抗拒行为中，教师的权威、学校的规训机制及其符码等都是他们要排斥的对象，是激发抗拒行为的在场。

（二）质疑型

在学校仪式空间规训境域中，教育者（教师）与学习者（学生）之间存在着怎样的结构关系和角色分隔？学生在与教师的互动中感受如何？认同教师的规范要求和规训形塑吗？尽管学生始终处于受规制的地位，但这并不代表学生对教师的规范性要求和学校规训化的认同。换句话说，权威与是否服从并没有直接关系，与权威能直接相呼应的是认可。也就是说，权威只有被认同或认可，才能产生效能。

在 W 中学的高一（2）班，课堂教学秩序时常会被极个别同学的失范行为所打破，尤其是在信息课、艺术课等这些非高考学科的课堂上。

> 研究者：信息课上同学们表现如何？
>
> 小　Z：怎么说呢？用一个词语来形容，就是一言难尽。
>
> 研究者：什么意思？
>
> 小　Z：因为信息课不是高考科目，所以大家都不是很重视。很多同学上信息课，就是为了好玩、放松和上网。至于老师讲的啥，也没人去关心和在意。
>
> 研究者：不怕老师批评吗？
>
> 小　Z：信息课老师批评我们也不怕，又不是班主任和高考科目老师。有时候，我们同学一起与老师顶牛，把老师气得要死。可我们玩得很开心呀，那叫一个乐……（20161011）

从研究者与小 Z 同学的访谈对话中不难看出，高中生已有自己的价值观、价值判断和价值选择，很大程度上他们不会轻易地被教师的意见和要求所支配。只要有一丝的抗拒机会，他们就绝不会放弃。遗憾的是，很多学生只是对现实问题的表象和具体行为进行反对和抵抗。只有极少数学生才会对问题本身进行批判和质疑，对学校仪式空间规训产生疑问。W 中学高三（×）班语文 Y 老师因为生孩子请产假，学校临时安排高一年级语文组的 LQ 老师去替代 Y 老师的课。一周下来，高三（×）班的学生对 LQ 老师颇有怨言。这在我的访谈中也被得以证实。

研究者：Y 老师和 LQ 老师上课风格有什么不同？

C 同学：Y 老师幽默风趣、和蔼可亲，尤其是课外知识拓展相当丰富；而 LQ 老师知识讲解系统性不强，上课生硬、呆板、无趣，复习没有章法等，经常罚我们抄写。

研究者：这两位老师你更喜欢谁？

C 同学：这还用说嘛，当然是以前的 Y 老师了。我们都已经习惯了她的上课方式。

研究者：你觉得 LQ 老师的教学手段哪里不好？

C 同学：罚抄写。但我们也知道她不容易，压力蛮大的。惩罚我们也是为了我们好，总比不管不问好多了……（20170113）

韦伯认为，合法的权力是权威，非法的权力是强制。❶ 根据韦伯的这种观点，所谓合法的权力就是被人们认可并甘愿接受惩罚的支配力量，而非法的权力就是人们被迫接受惩罚的支配力量。由此看来，上述访谈对话中 C 同学对 LQ 老师尽管意见较大，但充分考虑到教师"为我好"的初衷和"不容易"的境况，甘愿接受老师的惩罚。此时的质疑，被"合法化"的教师威权所同化或让渡。但其他同学就没有 C 同学那么通情达理，有十几位学生联名写信，请校长调换老师，理由是：我们不是学校的实验品；高考迫在眉睫，没有时间耗下去；我们上学是花了钱的，理当接受优质的教育资源，等等。从这些学生要求调换老师的理由来看，对教师权威和学校规训的质疑和批判有理、有据、有节，无形之中对学校管理机制和教育教学方式进行了质疑和反思。

当然，学生对教师权威和学校规训的质疑不仅表现在师生互动仪式方

---

❶ 马克斯·韦伯. 非正当性的支配［M］. 康乐，简惠美，译. 桂林：广西师范大学出版社，2011：143.

面，还弥散在学校仪式空间场域的规训生活之中。学生对学校仪式空间的规训生活进行质疑和批判时，往往表现得比较含蓄和隐晦。

从某种角度来说，质疑型的抗拒行为表面上是学生对教师权威和学校规训的抵触和抗拒，深层次上是学生对教师权限和学校规训化权力的质疑。这种质疑主要表现在两大方面：一方面，表现在学生对教师权限、学校管理规范的合理性、正当性和实效性的质疑。当遇到学校管理的失范、教师威权强势、师生关系的失衡等情况发生的时候，学生就会觉察出不合理和不正当，就会对教师权限和学校管理规范进行质疑，进而通过言语和肢体进行抵触和抗拒。另一方面，表现在学生对教师权限和学校管理规范的"不尽完善"方面。持有这种质疑型抗拒行为的学生，正如默顿所界定的"创新者"那样，他们认同教师权限和学校管理规范，只是觉得体制规范不够完善罢了。可见，学生的质疑性格远远超过质疑行动。

（三）过渡型

本研究之所以提出过渡型抗拒行为，是基于学生的抗拒行为和状态在一定情境和场合中是逐渐形成的，并且在一定程度上还会进行磨合、调适和转变。小 M 是高一（2）班的数学学科代表，高高瘦瘦的一个男孩，爱打篮球，只有数学成绩较为优异，其他学科成绩始终维持在班级平均水平。总体来说，小 M 还算是中规中矩、较为本分的学生，没有太出格的行为。由于小 M 酷爱打篮球，经常看到他和班内几个"学混子"在午休时间或下午课外活动期间一起在操场上打篮球。小 M 尽管和班内的几个"学混子"在篮球场上是配合默契、称兄道弟的队友，但在内心深处对他们经常旷课、在厕所抽烟、深夜翻墙上夜网等违纪行为却是相当反感的。随着和这几个"学混子"接触多了，小 M 对他们的认识也发生了变化，发现这几个学生尽管不服管教，但并不是一无是处，而且他们特仗义。不过小 M 除了打篮球之外，始终与他们保持着距离和界限。

> 研究者：你经常和他们打球，关系应该非常好吧？
>
> 小　　M：还行吧，一般。除了打球，平时我都不参与他们的破事儿。

研究者：哦，他们的破事儿？

小　M：有时他们会躲在实验楼厕所里抽烟，也让我去，我直接回绝了。

研究者：为什么？他们会生气的？

小　M：管他呢。我只是打篮球时和他们一起，其他的我不想和他们走得太近。抽烟、旷课、上夜网、打架毕竟不是什么好事，我可不想成为办公室里的"常客"。（20161107）

小 M 清楚地告诫着自己，不会和班内的几个"学混子"厮混在一起，即使被多次邀请，他也义正词严地加以拒绝。随着后期学业负担的逐渐加重、学习成绩的屡次排名和班主任的"苦口婆心"，小 M 变得异常努力、勤奋和刻苦，对篮球关注的越来越少，与他们的唯一联系也日趋中断。小 M 为了学习，放弃了深爱多年的兴趣，这种选择更多的是一种无奈之举，是主体对自己生存场域的自主选择，实则是以牺牲自我的快乐、幸福和自由为代价的。

经过长达几个月的披星戴月和不辞劳苦，小 M 的成绩并没有预想中的高歌猛进，依旧是以前的那种层次或水平。在经历过"付出没有回报"的遭遇后，小 M 在心理上产生了较大的波折和动荡，对当初所设定的学习抱负和宏大理想有了动摇和疑惑，并试图去选择一条闲暇、自由、快乐的学习生活，不再去追寻由老师、家长等这些成人所预设和织就的人生梦。随后，前段时间班级里那个勤奋的小 M 不在了，取而代之的是"经常泡在篮球场上""夜间翻墙溜出去上夜网""上课期间睡觉、看课外书或玩手机"的小 M。这个自诩不是和"学混子"同一类人的孩子渐渐地经常和"学混子"厮混在一起，真正成了办公室里的"常客"。

研究者：听说，最近一段时间，你在年级挺出名的？

小　M：我知道，老师，你是不是也看不起我？

研究者：老师没有看不起你，每个人都有权利选择自己喜欢的生活方式。我只是对你的这种"画风"转变有些意外。

小　M：其实我没有考虑那么多。学习是为了将来能有个好的前途，我篮球打得好的话，不也是一个好的出路吗？更为关键的是，我喜欢篮球。

研究者：你想把篮球作为职业来发展？

小　　M：我想应该是。学习对我来说太遥远，而篮球却触手可及，更实在。

研究者：你和班主任、父母沟通过这些想法吗？

小　　M：没有。我想即使沟通，他们也不会同意。我只想给自己选择一条快乐并忠实于自己喜好的发展之路，这并没有错。

研究者：没想到，你说话挺有哲理的！

小　　M：老师，你别逗了。我只是不想按照父母、班主任他们给我预设的路去走，一辈子去实现他们的愿望。那样的话，我的存在还有什么意义……（20170428）

小 M 的这种过渡型抗拒行为，其实存在着以下几个特征：其一，与父母、班主任等人价值观念产生冲突后的调适。小 M 拒绝他人套路式的价值模式，探求适合自己并忠于喜好的自我发展之路。其二，感受到他人期望的差异性。由于小 M 的变化，班主任罢免了他的学科代表，家长对他的关注也越来越淡了。其三，具有批判性意识但实质关系并未真正厘清。尽管小 M 对他人价值模式产生了批判、质疑和抗拒，但他所探求的自主发展之路是否合理、正当、成功和可行，还未加以论证，仍然充满着大量未知和许多疑惑。这种情况下，容易出现由先前的"严苛规制"到当下"纵情享乐"的极端转变，沉溺于实用的旋涡，痴迷于当前的利益，把寻求刺激性作为生活的目标和存在的价值等。这些都是需要反思和自省的。通过小 M 这种"过渡型"的抗拒行为，我们可以清晰地发现一个基本轨迹：当一个人的思想状态与更多、更广的利益关系同时产生心理联系时，尤其是在情况发展越来越微妙、敏感和模糊时，便会进行"把握自我"的积极尝试，通过这种主观上的积极尝试进而最大限度地寻求自我保护。

（四）寻乐型

在学校仪式空间场域中，寻乐型抗拒行为的学生经常被老师们戏称为

"调皮猴"或"捣蛋鬼",他们大多以"班级活宝"的形象出现在公众视野中。这种抗拒在很大程度上并非直接指向教师威权和学校管理规范,更多是用来排解无聊、逗乐解闷、缓解尴尬的。从存在时间来看,这种抗拒行为往往具有瞬时性、偶发性和机遇性;从影响力度来看,这种抗拒行为由于不直接指向教师威权和学校管理规范,不触及权力根本和规训实质,因而破坏性不强。

小 L 是在 2016 年国庆节之后由外校转入 W 中学高一(2)班的,他性格开朗、热爱运动,经过短短的一周就融入班级中了,和班级绝大多数同学都能"打成一片"。小 L 待人接物非常有礼貌,无论什么时候、什么地方,只要遇到老师,不管认识与否,都要向老师行礼问好。在班级中,小 L 也热衷于班级的各项事务,积极参加班级活动,唯一的不足就是成绩太差。借用老师们调侃的话说,那就是这个学生"除了成绩不好之外,什么都好"。其实,小 L 的成绩不算最差,但基本处于倒数之列。父母不惜一切代价把他从区里的一所普通中学转到省示范性 W 中学,就是希望他好好学习,将来能够考上好大学。但小 L 在内心深处却有着自己的想法,希望将来能做游戏软件开发,既能玩游戏,又能有钱赚。

研究者:转学,是你提的还是父母提的?

小　L:起初我并不知情,是父母把所有手续都弄好了,在周六去 SZ 学校接我时才告诉我,周日晚自习开始要到 W 中学去上学了。

研究者:你进校已经快两个月了,喜欢 W 中学吗?

小　L:说不清楚,还行吧。硬件挺好的,操场、信息机房都超棒。

研究者:你觉得 W 中学像什么?

小　L:像什么?不解。

研究者:换句话说,W 中学给你的最深印象是什么?

小　L:哦,班里老师对我挺好的,和同学处得也很融洽,到操场打篮球和玩电脑是我最喜欢干的两件事。

研究者:学习呢?

小　　L：（挠了挠头）还行吧。

研究者：你觉得读书重要吗？

小　　L：重要呀，只是我不适合而已。我不太喜欢念书（地方性语言，意指上学——作者注）。尽管不喜欢，但绝不会做出格的事，给老师、父母添麻烦……（20161129）

从某种角度来说，小L在W中学所感受到的由操场和信息机房带来的精神快乐远胜于优质教育资源和学习旨趣。在学校仪式化的规训生活中，小L通过行动创生出专属性的自我角色和存在方式。由于开朗、活泼、好动的小L对学习失去了基本兴趣，所以常常无法忍受课堂上的沉闷和煎熬，尽管竭力去控制和约束自己以期符合规范，但还是屡屡用个人小动作来解闷，如照镜子、吃东西等，很少直接打破教室空间限制和秩序，形成集体性的起哄或捣乱事件。小L通过这种自娱自乐的方式，在课堂教学中创生出专属性的个人乐趣。当然，有时因为操作不当，也会引起周围同学的侧目和老师的"关切"。在被提醒和暗示之后，小L会立刻伪装出认真听课的样子。事实上，小L的课堂行为本意是缓解课堂教学的沉闷、无聊和压抑，并不直接指向教师威权和学校管理规范。尽管如此，小L的课堂行为还是处处受到规制和监视。在学校管理规范和课堂教学规则中，要想全身而退，就必须清楚学校和老师所允许的方式以及操作底线，组建一套被勉强认可和接受的互动方案。对系统中模糊不清、无法界定的区域和环节，会尝试着进行试探，通过观察对方反应，进而采取相应的应对策略。比如，在老师讲课讲到动情之处，小L会趁机大声附和几句；在老师让学生讨论问题时，小L会趁机和周边同学讲话聊天。如果老师态度和蔼、语气缓和，他便会进一步肆无忌惮；如果老师生气、言辞犀利，他便会收敛些，知道此时不应该多嘴，就会选择闭嘴。

研究者：你上课表现蛮有艺术性的？

小　　L：老师，你发现了？

研究者：你说呢？

小　　L：我对学习又没兴趣，课堂上条条框框又多，只能偷偷玩一下，打发一下时间，缓解沉闷气氛。

　　研究者：就没失过手？

　　小　L：怎么可能不失手。失手的结果就是轻者被言语训斥，重者被直接请出教室，到外面罚站。

　　研究者：你还是挺会选择时机的。

　　小　L：熟能生巧呗。经历多了，自然也就娴熟了。起初，我都会先进行试探，看老师的反应情况再考虑下一步行为。事实证明，六门高考学科中，英语、政治、历史三科是可以"放肆一下"的，但数学和地理是万万不可的，触霉头会很惨的，语文老师情绪多变，不好下结论，还需要"具体问题具体分析"……（20170516）

通过笔者与小 L 的访谈内容来看，小 L 试图以"言语"的方式在课堂教学中建立属于自己的快乐，并适时调适自己的言语幅度和行为力度。这种寻乐型的抗拒行为，在一定程度上使教师威权和学校管理规范时刻处于被学生看管和监视的境地。这也满足和迎合了学生抗拒约束、释放个性和解放自我的心理诉求和快乐所在。尽管课堂上的"寻乐"行为处处受到限制和监视，尽管时常会因"失手"而受到种种惩罚，可小 L 依然深谙此道、乐此不疲。由此看来，寻乐型抗拒行为真正抵抗的并不是教师威权和学校管理的种种规范和规训，而是在这些威权、规范和规训影响下所衍生出的种种无聊、空虚和偏差。

（五）伪装型

欧文·戈夫曼（Erving Goffman）曾将人际关系互动界定为"当若干个体面对面在场时，彼此行为的交互影响"。"'表演'（performance）可以定义为，特定的参与者在特定的场合，以任何方式影响其他任何参与者的所有活动"。● 在学校仪式空间境域中，时时刻刻都存在着像"舞台""表演""道具""前台"和"后台"等这样的场景。从某种角度来说，学校仪式空间场域中人的这种拟剧表演是具有极强的装扮性的。W 中学的高一

　　● 欧文·戈夫曼（Erving Goffman）. 日常生活中的自我呈现［M］. 冯钢，译. 北京：北京大学出版社，2008：12.

（2）班，作为一个文科班级，女生人数要远多于男生，学生在成绩、行为表现等方面两极分化现象还是比较明显的。但在班主任 Z 老师的悉心管理下，却屡创佳绩，先后获得"F 市先进班集体""F 市市直红旗团支部"和校级"优秀班级"等荣誉称号。

在这些荣誉的背后，学生的生存状态如何？他们又有着怎样的真实心态呢？小 G 是高一（2）班的班长兼纪律委员，是班主任 Z 老师的得力助手，在班级中素有"二老班"的尊称。小 G 尽管是一位留守学生，但成绩优秀，性格大大咧咧，很会为人处世，任课教师和班级学生对她评价都挺高。作为"二老班"的小 G，在班主任不在的时候，全权负责处理班级事务，如批假、检查作业、记录违纪情况等。春季学期开学以来，Z 老师通过班级巡视和科任教师反馈发现，班级纪律不是太好，上课期间说话、睡觉、传递纸条和私自换位等现象有所抬头，连最不能容忍的迟到，人数也越来越多。但小 G 记录的《班级日志》本上却是形势一片大好。于是，Z 老师利用晚自习的时间，与小 G 进行了一次长谈。

> Z 老师：最近班级学生表现如何？
>
> 小　G：很好呀，和以前一样的好。
>
> Z 老师：真的很好吗？
>
> 小　G：当然了。老班，你要是不信的话，可以问其他同学。
>
> Z 老师：可我在转班（地方语言，偷偷巡视班级——作者注）的时候，却发现课上有睡觉、讲话的，还有人私下换位。
>
> 小　G：是吗？这个我倒没有发现。
>
> Z 老师：下午迟到的人越来越多，你也没有发现？
>
> 小　G：迟到？我真没有注意到，只顾着写作业了。
>
> Z 老师：GXX，其实你是怎么想的，又是怎么做的，我心里很清楚。我不希望这样的事情再次发生。明白吗？
>
> 小　G：哦，知道了，保证不会。（20170322）

在班级管理中，很多学生都会因为畏惧教师的威权而会表现出示好的心态和行为，尤其是学生对班主任。在这种情况下，学生会绞尽脑汁地想出一些策略尽可能规避班主任及课任教师的种种监视和惩罚。班长小 G 这种"瞒上"的做法就是出于此种目的。此外，坐在班级窗口的同学还有一个特殊的任务，就是会在班级窗台或课桌最上方竖起一面隐蔽的镜子或教科书光盘，用来反监视班主任的窥视行为。当通过镜子或光盘看到班主任从办公室出来向班级靠近时，坐在窗边的同学就会用"咳嗽"或其他约定好的方式进行预警提示，其他同学便会立刻转换场景状态，瞬间进入认真学习、仔细听讲的积极场景。当班主任"窥视"结束离开后，窗边的同学也会进行警报解除的提示，班级学生迅速回归到纯自然的原生状态。由此看来，学生经过明确分工和相互配合，让班主任成了"被看"的对象。在如此精心设计的伪装表演中，班主任自然也就成了事实上的观众。

学生的这种伪装型抗拒行为充分表明，当学生对教师威权、学校管理规范不认同和不接受的时候，便会采取一种反制式的手段进行抵触和抗拒，如"反监视""伪装表演"等。在老师在场的时候，他们表面驯顺、乖巧、听话，刻意伪装成老师希望看到的状态或场景，主动迎合老师的喜好和契合老师的评判标准。但在老师不在的时候，却又是一番场景。

研究者：你这个班长人缘挺好的。

小　G：那要看对谁来说。

研究者：哦，有什么不同吗？

小　G：在我们班，除了眼镜（学生给班主任 Z 老师起的绰号——作者注）有时觉得我和他不一心外，我和其他人都相处愉快。

研究者：眼镜？

小　G：啊（捂嘴）。我们班给科任老师都起了绰号。像英语老师叫"小蜜蜂"，政治老师叫"小胖"，历史老师叫"大白脸"等，有趣吧？

研究者：得罪了班主任，那你岂不是危险了？

小　G：谁说不是呢，所以我小心翼翼。班里同学对我评价高，喜欢我，还不是因为我和他们是一个阵营的，帮他们欺瞒老班，维护他们。害得我被老班训，搞得挺没良心的。

研究者：欺骗班主任可不好，小心你被换掉。

小 G：没关系了，即使班级重新选班长，那还会是我。要是老班直接任命，我就完蛋了……（20170324）

尽管小 G 在班主任面前苦心经营和班级学生在老师在场时候的刻意伪装略显稚嫩和收效甚微，但是他们抵触和抗拒教师威权和学校管理规范的心态和意志却是真实存在着的。他们往往把"刻意伪装"作为抗拒的一种衍生性行动，把"看"与"被看"中对教师的监视作为抗拒的一种流动性权力格局，把"前台"与"后台"的伪装表演作为抗拒学校规训的一种生存策略和态度立场。

（六）暂顺型

在一定意义上，教育存在和发展的最基本功能就是要服务于"人的发展"。学校作为教育领域中常见且相对稳定的制度化机构或场所，在人的生存、发展和进步中发挥着重要作用，占据着不可替代的地位。当学生进入被权力、关系、结构、秩序和规则所挟裹和交织的学校仪式空间场域时，有意或无意地会遇到种种规范、制度和要求。面对学校这些规范、制度和要求，有的学生会严格遵守；有的学生会绕道避之；有的学生会思考为何会建立，谁在建立；有的学生会选择直接跨越，或者想摧毁这些条条框框，摆脱这些束缚和约制。为了不让自己受到伤害或者减少受伤害的程度，学生通常会采用权宜变通之计的暂顺方式。

W 中学为进一步强化和规范学生管理，制定了一套可计算、可量化的惩罚体系，并根据学生违规的轻重程度设置了"公开检讨—通报批评—警告—严重警告—记过—记大过—留校察看—开除学籍"八个惩罚等级。由于检讨是最轻的官方惩罚形式，因此其在班级甚至是学校范围内使用频率是最高的，也是违规学生较为"乐于接受"的惩罚方式。经历过几次之后，学生逐渐形成了应付"公开检讨"的惯用伎俩和基本套路，经验是相当的丰富。

Z 老师：你说你这学期以来大大小小犯过多少次错误？你要不想在（×）班待了，就趁早离开。

　　小　　M：老班，我真的错了。我不该惹你生气，不该给班级抹黑。

　　Z老师：你说，我给过你多少次机会。你给班级抹黑抹得还少吗？

　　小　　M：老班，我保证这是最后一次。如果再有下次，我直接退学，绝没有脸再见你了。

　　Z老师：你这孩子，成天给我惹事，都快气死我了。

　　小　　M：老班，我知道你吵我是为了我好。我现在就回去写检查，在周六班会课上公开检讨自己，深刻反省，让全班同学监督我。

　　Z老师：还得让你家长签字。回去吧……（20170407）

　　这是一段班主任和因为旷课被揪到办公室挨训的学生之间的对话。其实，班主任早就清楚，根据现有的校规校纪，以"旷课"为理由是无法对小M实施严厉惩罚的，最多是一顿训斥和批评，教育教育而已；而小M当然也清楚这一点，他到办公室的主要任务，就是在班主任一番训斥、说教和恐吓之后回去写检查、做公开检讨。这对"久经沙场"的小M来说，是再熟悉不过了，所以他一进入办公室就直接承认错误，态度诚恳谦逊，不去做任何解释和争辩，并打出"苦情"牌，以期博得班主任的同情。基于此，我们可以清楚地看到，在班主任和学生"对峙—松动—温化—共识"关系的微妙变化中，在双方共同参与和有效配合下呈现出戏剧性和共谋性。

　　学生通过写检查、做公开检讨等手段熟练地对教师的惩罚和学校管理规范进行着抗拒。从表面上来看，学生"听话"了，但实际上他们所采取的却是一种"迂回战术"，巧妙地避开了教师威权和学校管理规范的锋芒，最大限度地实行了自我保护。所以，当学生发现直接反抗或抗拒所要付出的代价远远超过服从或顺从所付出的代价时，出于"趋利避害""扬长避短"的本能，便会选择暂时顺从或服从的"妥协"行为，但内心却是不认同的。

　　研究者：上周五在办公室被班主任训，因为啥？

　　小　　M：逃课。霉得很，逃课还被班主任抓到了。

　　研究者：我看当时你态度不是挺好的吗？

　　小　　M：没办法呀。态度不好的话怎么能过关呢？（嬉笑）

　　研究者：看来你是老手呀？

　　小　　M：经历多了，也就习以为常了。我们班的同学犯了错，都是演这出。

　　研究者：你们班主任就是这么好糊弄的吗？

　　小　　M：怎么可能。我们班从高一开学到现在，劝退的有四个人了。我们仔细研究《W 中学学生管理手册》中违纪累积次数和违纪轻重程度，绝不在一个方面连续违纪。

　　研究者：你们还挺聪明的？

　　小　　M：没办法。不然，我都被开除好几回了……（20170411）

　　在学校仪式空间场域中，以小 M 同学为代表的暂顺型抗拒行为是比较常见的。对广大学生而言，通过暂顺行为来博得相应的权利和自我保护，尽管较为无奈，但也不失为一种明智选择。

　　总之，经过对学生上述六种能动的抗拒行为或形态进行描述和解释，并借助表格方式进行汇总（见表4-1、表4-2）、比较和分析之后，我们可以更加全面、直观、立体和深层地认识、理解和把握学生的能动抗拒行为。

表4-1　学生能动抗拒形态比较

抗拒形态	主要特征或特点	交互或交叉关系
破坏型	破坏公物、摧毁秩序、师生冲突，抗拒心志直接表露	可能与寻乐型、暂顺型抗拒形态有交叉
质疑型	批判、质疑教师权威和学校管理规范，有自我评判意识	可能也表现为对教师和学校对破坏型抗拒形态的独断管理或处理方式
过渡型	与他人价值观念产生冲突；感受周围人期望的差异；发展目标和自我定位发生转移或转换	被动的抗拒形态
寻乐型	调皮捣蛋、起哄和制造欢娱，出于缓解无聊或无趣的目的	可能与破坏型抗拒形态有交叉重叠
伪装型	刻意伪装、精心掩饰，形成"被看"和"反监视"等	可能与暂顺型抗拒形态有交叉
暂顺型	暂且顺从，以图大计和自保；表面顺从，内心抗拒等	可能与质疑型、伪装型抗拒形态有交叉

表4－2　学生能动抗拒形态的意义呈现比较

抗拒形态	意义呈现	异同
破坏型	成为学校规范惩罚的"众矢之的";直接僭越和践踏教师权威和学校管理规范;通过抗拒获得心理满足和存在感	个别行为;行为外显;男生为主
质疑型	大胆质疑、批判教师权威和学校管理规范存在的合理性和正当性;意识表达远胜于行动实践	个别行为;内心态度;男女生均有
过渡型	与他人价值产生冲突和感受期望差异后进行的自我调适和定位,被动地进行消极抗拒,意志不够明确和坚定	个别行为;内在心态;男女生均有
寻乐型	班级的"班级话室"和"搞怪者",制造欢娱纯粹为了缓解无聊、沉闷和压抑,不直接指向教师权威和学校管理规范	个别行为;行为外显;男生为主
伪装型	通过刻意伪装、精心表演和相互配合,实现从"服从"到"反抗"的状态转换,形成"被看""被监视"等权力流动格局	集体行为;内心态度和行为外显兼具;男女生均有
暂顺型	采用变通、迂回的战术,换取相应权利和寻求自我保护,暂顺仅是权宜之计,以谋求更长久、更有力、更周密的抗拒形态	集体行为;内心态度和行为外显兼具;男女生均有

二、教师

在学校仪式空间规训体系和结构关系中,教师既是规训者,也是被规训者。一方面,在学生面前,他们是规则或规范的实际执行者和实施监督者,是各种秩序结构的维持者,处于"规训者"的地位;另一方面,在各种教育体制机制和学校管理权力关系结构中,他们却成了被各种规则或规范所支配和约制的对象。在学校仪式空间境域中,教师的这种双重身份或角色并非是静态的、割裂的两个固定端点,而是在一定的情境或条件下可以相互转换。因此,矛盾性的身份或角色造成了教师在学校仪式空间规训实践的尴尬地位和境况。

2017年1月7日，是W中学第五届高效课堂教学大赛决赛的日子。在参赛选手、授课班级学生和听课教师均"严阵以待"的时候，2号阶梯教室的多媒体操作台却因故障一直无法正常使用，已经超过规定的上课时间三十多分钟，但故障还是没有排除。此时，M校长在阶梯教室入口处"发飙"，把信息老师叫到面前开始"训话"。

> M校长：怎么会出现如此低级错误？
>
> 信息老师：前天数学组教研活动使用时还好好的，今天怎么就坏了呢？
>
> M校长：今天可能修好？
>
> 信息老师：这个不好说。我已经请市内维修师傅赶过来了。实在不行，就把隔壁班级的挪过来先用着。
>
> M校长：你们不知道提前进行查看吗？还用我去安排吗？
>
> 信息老师：我也没想到今天会出故障，真是个意外。
>
> M校长：哪那么多借口。快去把隔壁班级的设备挪过来。
>
> 信息老师：M校长，我现在就组织学生去挪。（20170107）

从M校长与信息老师的这段对话来看，信息老师显然是处于"被规训""被支配"的地位。马克思从经济学视角将价值表述为"经济物品和经济服务在交往中所具有的意义"❶ 的基本论断，哲学层面上则是客体对主体需要的满足。满足程度越高，通常价值就会越大。教师价值的大小主要体现在对学校发展和人才培养需求的满足程度。在对话的最后，信息老师的"组织学生去挪"这句话，又表露出教师身份或角色转换的情况。此时，信息老师又成了对学生支配的规训者。可见，正是教师在学校仪式空间规训体系和权力结构中的双重身份或角色，衍生了教师"尴尬"的地位，成了"尴尬"的执行者，成了不彻底、不坚定的抗拒者。可想而知，与学生相比而言，教师能动抗拒的范围是非常有限的，抗拒的形态是较为内隐的，当然抗拒的实效性也是较为"尴尬"的。

---

❶ 中共中央马克思恩格斯列宁斯大林著作编译局. 马克思恩格斯选集：第3卷［M］. 2版. 北京：人民出版社，1995：530.

三、学校管理者

以"促进人系统社会化"为目标的学校教育，呈现出等级森严、分工明确和规则严密的"科层制"特征。在现有学校管理体制和机制中，对中小学而言，位于学校组织这个"金字塔"顶端的则是双肩挑式（书记、校长由一人担任）的"校长"（见图4-1）。在整个学校组织架构中，校长具有"至高无上"的地位和"无可逾越"的权威。从现有教育体系结构和学校管理机制来看，校长则成了权力关系网状结构中的一个联结点和枢纽站，起到"上传下达"的功能性定位。由此看来，校长的社会分工、角色定位、权责确立和价值呈现，都是在既定的规则、秩序、结构和框架内完成的。校长需要在既定的规范或规则框架内去开展工作，不得逾越权威和打破规则。"按章办事"成为校长工作的基本准则，也是底线。因此，很多教育家和学者将校长表述为"活在规则内的人"。基于这样的语境或情境，校长只能在规则或规范框架内发挥个人或集体的"聪明才智"，在规则或规范中自由穿梭和灵活应对。这样既不触碰规则或规范底线，又会保障教育利益者的权益，一举多得。纵然"可拒绝""能拒绝"的概率较低、力度较弱、范围较小和效果较差，但不可否认，这是校长对自我生存环境和办学自主空间的能动抗拒和积极表达。

图4-1　W中学组织"金字塔"结构示意

2016 年 9 月至 2017 年 6 月，为了维护正常的教学秩序和保障师生安全，W 中学先后对上级部门及相关单位安排的"来访接待"等十余项职责之外的工作和任务进行了拒绝。尽管成功拒绝的只有两项，但至少是学校层面"抗拒意志"的真实意图表达，也是学校由"被严格规制"状态向"能动抗拒"迈出的坚实步伐。

四、家长

在教育利益相关者群体中，家长的社会身份是多重的，如学生的法定监护人、教育的投资者、办学的合作者等。正因为如此，无论是从教育链条的完整性，还是从教育资本的市场化看，家长理当是学校教育的重要参与者与合作伙伴。但通过对现有学校教育现场的审视之后发现，家长确实在学校教育现场中出现过。家长在参与学校办学和管理的问题上，无论是参与的广度，还是参与的深度，都是远远不够的。在很大程度上，家长参与学校教育是被动的、失衡的参与，是一种被部分学校管理者用来规避风险的技术和手段。由此看来，在一定意义上，家长则是学校教育境域中的物或器，家长参与的诉求也成了学校管理者自身诉求的复制和重现。此时，家长由"人"降格为"物"，由"合作者"转变为"配合者"，由"中心地带"转为"边缘化地带"。目前，W 中学具有完备的学校"家长委员会"和年级组"家长委员会"，还会在每学期开学、期中段考和期末考试时召开家长会，以及在举办大型庆典活动和对外公开展示时请家长参与。学校才是主导，家长只是缄默状态下的"边缘的配合者"。

海德格尔曾说"人是抛入的存在"。通过海德格尔对人和世界关系的论述话语来看，人从出生到死亡，始终是被动地嵌套在由各种力量、关系、结构、秩序和规则等所建构的周围世界内。既然人所深处的周围世界可以被建构，自然也会被解构和重构。生活在教师威权和学校规训化统治之中的学生，能动的抗拒形态和心志为他们预留出更多的生存希望和成长空间。他们孜孜不倦地进行着能动的抗拒，不仅是出于自我存在的诉求，还是对良善生活的向往、幸福成长的眷恋和生命权利的考量。

本章小结

马克思指出"人不仅能够认识世界，还能改造世界"，意在表明人是具有能动性的。也就是说，人在受到外在客观性制约和限定时，会竭力摆脱外在客观性对自身的束缚和约制，改变被限定和被规制的受压迫性状态，直至自身的社会地位不断得以提升和人格尊严不断得以捍卫等。当然，生存在学校仪式空间规训境域中的人也不会例外。

本章主要是对学校仪式空间规训实践中"人的能动性"进行探讨和分析，在明确了"言语能动"和"肢体能动"两种能动表达路径之后，又对学校仪式空间规训境域中"人"的能动抗拒行为及形态进行了"分主体式"的表述。目前，尽管学校仪式空间规训境域中人的能动性意志表达比较模糊、抗拒行为形态比较分化、能动抗拒效力比较微弱，但其要摆脱被权力所支配和形塑的受规制状态的真实意图表达已经逐渐显露。这种对权力、秩序、规则等进行能动抗拒的意志和情感将付诸人在学校仪式空间实践中的行动中去，成为学校仪式空间实践的另一种面向。随着人对规训权力约制的能动意志和抗拒情感的日趋强烈，理性能动抗拒势必会成为学校仪式空间规训境域中人的日常生活的一种普遍化。

第五章　学校仪式空间规训善的追问和人性回归

教育是人们灵魂的教育，而非理智知识和认识的堆集。

——（德）卡尔·雅斯贝尔斯

教育，作为一种促进人系统的社会化和不断提升人的地位与尊严的能动性的社会实践活动，在人类历史和社会文明的曲折发展中存续了数千年。在很大程度上，教育就像刻刀，以时间为主轴线，刻画出人类历史发展和社会文明进步的点点痕迹；教育就像镜子，以空间为参照物，折射出人类竭力摆脱自然束缚和改造周围世界的能动镜像。此时，我们需要驻足反思，教育是什么？众所周知，"教育是人类社会特有的活动"❶。不仅如此，雅斯贝尔斯还将教育阐释为"人对人的主体间灵肉交流活动……使他们自由地生成，并启迪其自由天性"❷。此外，约翰·杜威也对"教育是什么"和"教育有什么用"的问题进行了更为系统和深入的分析。杜威认为这两个问题实则是一个问题，互为表里、相互印证，表述为对个人是成长、对人类是延续、对社会是发展。❸在这种语境下，我们不难发现"教育与人"关系的实存性、多向性和复杂性。从某种角度来说，教育是为人的，也是人为的能动性的社会实践活动。换句话说，教育是人的教育，教

---

❶ 叶澜. 教育概论［M］. 北京：人民教育出版社，2006：8.

❷ 雅斯贝尔斯. 什么是教育［M］. 邹进，译. 北京：生活·读书·新知三联书店，1991：3.

❸ 约翰·杜威. 民主主义与教育［M］. 陶志琼，译. 北京：中国轻工业出版社，2014：Ⅱ-Ⅲ.

育是关注人、尊重人、培养人、发展人、解放人和成就人的教育，人是教育存在的根基和发展的旨趣。

第一节　人的教育：教育的存在根基和核心内涵

一、人的迷失：教育的混沌

正如前文所表述的那样，教育是人为的，也是为人的。教育诸如培养人、尊重人、解放人、发展人和成就人等基本功能和价值承载构成了"人和教育"关系的内在逻辑与根本品质，是人和教育良善关系维系之根本。离开了人，教育则失去了存在的根基和发展的动力，只能是同其他动物活动一样的盲目和无序。可见，教育的出发点和逻辑起点只能是"人"。然而，在一定意义上，规训化教育境域中的人，俨然只是将自己言行调整到与外部权力、秩序和规范等所要求的程度和标准，丧失了自由和个性。在规训化的学校教育中，人逐渐忘却了"我是谁"和"我要成为谁"的本质议题和终极追问。

多年以来，我们的教育始终扮演着工具化的角色，被工具化所填充的教育对人的认识、理解和定位也主要集中在意识形态的传承和经济性产出等方面，在人性的关注和培育方面是缺位的。我们不得不面对这样一种现实，工具化、实利性的教育逐渐遗忘了"人是什么"和"人成为人"的根本使命和基本担当。教育在进行自我否定的同时，也迅速跌入了"混沌"的状态。

二、人是什么：教育的原点

众所周知，教育最大、最高、最根本的问题就是人的问题，也只有面向和聚焦人的问题的教育才是真正的教育。不可否认，教育是人类社会不断发展的产物。也就是说，教育并不是先于人而存在的。从现有文献资料来看，教育是人在生产和生活中设计出来的并为人自身发展和能力提升服务的。此时，我们就不得不面临着一个教育领域中最基本且必须回答的问题，那就是"人是什么"。如果我们在讨论教育问题的时候不曾触及、思考和追问"人是什么"的问题，那就说明我们所论及的教育问题连教育最基本、最核心的问题都未曾触及，这也注定了我们所讨论的教育问题是肤浅的和盲目的，甚至是错误的。因此，教育是人的教育，教育问题是人的问题。任何教育思想、理论、行为、现象和诉求都是对人的诉求。无论是有意为之，还是无意之思，所有教育问题的建立和解决都要立足于人和人性的基础之上。也恰恰正是因为对人和人性的不同看法、定位、解读和诠释，才会对"人是什么"以及"人成为人"问题的深思和追问产生分歧。基于此，教育领域中"人是什么"的问题是人把自己视为"人"的一个追问，是"我是什么"以及"我要成为什么"自我主体意识的产生和叩问。这就像海德格尔所宣称的那样"思之始"。其实，人类从古猿进化成人的那一刻起，就从未停止过对"人是什么"问题的持续思考和追问。当然，此时此刻我们并不需要给"人是什么"下一个精确、规范、严谨和清晰的概念或定义，需要的是我们在认识世界和改造世界的过程中对"人是什么"问题的理解、阐释、解构和重构。这种追问和思虑"人是什么"问题的价值并不在于"人是什么"本身，而在于探究"人是什么"这个活动。正是这样的追溯性和探究性活动，才引领着我们不断地认识自我本真、叩问人生终极、追寻人性良善和启迪人类智慧。

马克思从历史唯物主义的观点把人和世界的关系界定为"人是一切社会关系的总和"❶。当我们随机邀请某人谈一谈"什么是教育"时，教育就成了这个人感知和理解下所构建出来的关于人的教育世界的问题。也就是说，人在构建自己所感知和理解的世界时，也在构造着自我。

总之，教育是人的教育，教育的问题是人的问题，教育的发展问题是人在成长发展过程中所遇到并有效解决的问题。简言之，教育从一个领域、主体或视角来说，有着独特、明确的内在指向性。这种内在指向性以

---

❶ 中共中央马克思恩格斯列宁斯大林著作编译局．马克思恩格斯文集：第5卷［M］．北京：人民出版社，2009：505．

"人是什么"和"人成为人"为基本面向和根本原点，以引导人们创设并拥有美好生活为向往目标，以培养独立精神、塑造健全人格、养育优秀品质、启迪智慧哲理、践行终极价值和探寻良善生活为价值诉求。

三、人成为人：教育的担当

（一）教育赋予人"新生命"

在一定意义上，人的存在和发展就是一个"人成为人"和"成为什么样的人"的历练与生成过程，教育就是人的教育。人创设了教育并且需要教育，借助教育的人为和为人特性，实现自我存在的证明和自我发展的延续。在这种情况下，教育的使命担当就是帮助"人成为人"和"成为什么样的人"。因此，通过教育，"人成为人"并向"成为什么样的人"逐渐迈进。

可见，教育的本质或本真就是要使人更像人，让教育场域中的人借助教育手段来有效充实、完备和提升自己，达到真实、完整、多彩的人的种种标准和要求，获得人的尊严和自由，拥有美好生活。因此，教育要传达给受教育者的绝不应该仅仅只是一种被筛选后的思想观点、理论知识和实践技艺，所面对的也不应该仅仅只是一具物质性的躯体，而应该是一个完整、丰富、真实的人且充盈着良善、真知的美好生活。所以，教育的最高目标和终极价值是"人之为人"和"成为我自己"。在教育这种"人化"的情境中，人成了人，人正在向理想中的自己逐步迈进和转化，并进行新的精神、德性、价值、尊严和人格的主体建构。此时，人的新生命被教育重新赋予并正式开启。

（二）教育实现人"完成性"

人作为一种具有能动思维和使用生产工具的高级动物，从来都不会是终极性的存在。对个体而言，人从出生的那一刻起，无论是身体机能，还是心智水平，始终处在不断发展、进步和提升过程中；对整个人类而言，人类漫长的历史实则是一部人类不断认识自我、提升自我、发展自我和改造自我的过程。换言之，人是始终存在于不断完善的过程之中的。人的这种"残缺性"在很大程度上给人留下了较多的不确定性，使人的成长、发展和提升具有多种潜在的、不可知的可能性、嬗变性和可塑性。教育只能为人的这种潜在、不可知的可能性发展与嬗变提供指导、帮助和支持。而教育的这种指导、帮助和支持只能是援助式或启发式的，不能以指令、限定和压制的方式出现和产生影响，更不应该是"人可能性发展"问题本身。基于此，我们有足够的理由相信，人的一生充满着可能性，并且在教育的帮助下，这些可能性会不断地向现实性转换。

可见，教育使人由"可能性"转换为"现实性"、由"未完成性"转换为"完成性"，正是教育使得人的这种后天性转换或蜕变成为人、成为他自己。但此时，我们必须要阐明一个客观事实，那就是教育中人的这种由可能性向现实性、由未完成性向完成性的转换或蜕变，并不是在原有阶段或水平的机械重复和盲目徘徊，而是一种螺旋式、渐进式的上升过程。在这种螺旋式、渐进性的上升过程中，人被教育引向了一个更高的可能性或未完成性。

（三）教育构建人"精神性"

人具有主观能动性的，人存在于世界的方式或样态并非被动、单一、孤立、封闭的，而应该是能动、多向、联系和开放的。人和其他动物最根本的区别在于有思维、会使用生产工具并能够能动地改造世界。换句话说，人之所以是人，人之所以有别于其他动物，关键在于人不仅仅是一种具有客观性、创造性、能动性的存在物，在某种程度上还是精神性和意义性的构建物。由此看来，人的存在不仅具有表象上的物质性，还在表象之下具有深层的精神性。这种深层的精神性又总是与意义、价值、意涵等表征性意指产生关联或牵涉。因此，人存在的意义性或精神性是人所固有的向度，而意义性或精神性的这种向度和指征，甚至在人还未发现或认识意义性或精神性之前就已经存在并建立起联系。人是无法脱离意义或精神而存在的。人可以征服它，获得它，甚至是背叛它，但就是不能脱离它。正如美国哲学家、神学家赫舍尔在其著作《人是谁》一书中所表述的那样："人的存在从来就不是纯粹的存在；它总是牵涉到意义……人的存在要么获得意义，要么叛离意义。对意义的关注，即全部创造性活动的目的，不是自我输入的；它是人的存在的必然性。"❶ 而雅斯贝斯也认为："人是精神，人之作为人的状况乃是一种精神状况。"❷ 可见，人是精神，那么人的成长则是精神的成长，人的教育则是精神的教育。其实，也恰恰正是人的意义性或精神性的存在，才使得人生充满了社会意涵和价值表征。从某种角度来看，人的一生是被教育涵盖的一生，教育不仅要让人获得知识、增强机能和提高能力，更要让人获得精神上的成长。就像美国学者伽德纳所阐释的那样，"真正的教育永远是寻求对人的精神的扩展与加深"❸。如果说人对知识和技能的摄取是"叶"，那精神成长就是人的"根"；如果说人对知识和技能的摄取是"流"，那么精神成长就是人的"源"，二者不可错位和倒置。否则，教育将会陷入一种"精神隔离"的规范化训练和规训化统治。

良善教育指向人的精神性，把人被约制、错放和漠视的精神放逐出来，摆脱经济性、工具性和实利性等的钳制和约束，让人的精神重新回归本位。在这种语境下，人的精神性构建俨然是教育的核心本质和根本属性。正如苏霍姆林斯基所阐述的那样，"一个少年……只有当他的精神力量用来使自己变得更好、更完善的时候，他才能成为一个真正的人"❹。

四、人的回归：教育的本真

近代教育家、北京大学原校长蔡元培先生曾说过，教育是帮助人、发展人和成就人的，而不是将人形塑成具有既定形态和特别用途的物或器。我一直深信，教育是人为的和为人的。教育在本质上就是要使人成为人，并成为一个有"精神"的人。教育的本质诉求就是要构建人的精神、启迪

---

❶ A. J. 赫舍尔. 人是谁 [M]. 隗仁莲，安希孟，译. 贵阳：贵州人民出版社，1994：46，47.

❷ 卡尔·雅斯贝斯. 时代的精神状况：Man in the Modern Age [M]. 王德峰，译. 上海：上海译文出版社，1997：3.

❸ 王坤庆. 精神与教育——一种教育哲学视角的当代教育反思与建构 [M]. 上海：上海教育出版社，2002：157.

❹ 瓦·阿·苏霍姆林斯基. 给教师的建议 [M]. 杜殿坤，编译. 北京：教育科学出版社，1984：347.

人的心灵、健全人的人格、彰显人的个性、释放人的本性和改善人的境域等。教育对人的培育指向应该是人之理、人之精神和人性之所在。换句话说，教育就是要帮助人找回"自我"，找回迷失或隐遁的"人性"，让人的精神、心灵得到教育的眷顾和呵护。可见，我们要为教育辩护和正名，要重指教育本质，就必须回归到教育的出发点和逻辑起点——人。只有回归到人的主体本位，教育才能真实而富有意义地存在着，人才能出于本心的自我、自由和真诚地生活着。这是教育的原初本义和应有底色。

第二节　教育中"善"的省思和隐忧

教育作为一种能动性的社会实践活动，本质上是把放逐精神、培育人格、顺从本心、彰显个性、养成德性以及引领人追寻美好幸福生活作为达成目标和意义建构的。在这种语境下，教育本质上是追求"善""美"，有"艺术性"且有着良好愿景和人性关涉的美好东西或事物。也正是如此，在讨论或思考教育终极问题时，我们必然要在哲学层面对"人性""教育的真善美"等深层性问题进行追问和讨论。

一、"人性善"的教育主张

在哲学层面，人性论是涉及人的本质或根本的问题，是对人存在样态、属性界定和德性本原等问题的基本界说和观点持有。黄济将人性划分为"性善说、性恶说、性无善无恶说、性有善有恶说、性三品说"等。❶人性本原上存在着善、恶等不同的思想观点和理论纷争，这也导致教育中人的地位以及教育方式存在较大的差异性。当然，在认识到人性在本原上存在善、恶等诸多分歧和争论这一基本事实，在厘清由于人性本原的差异性所衍生出的不同教育主张这一实存问题之后，还需要对人性的善恶、理欲等观点进行深入研究和分析，对人性的差异性问题和形成性问题进行深

---

❶ 黄济. 教育哲学通论 [M]. 太原：山西教育出版社，1998：35－40.

化，从发展的、联系的、综合的视角对人性进行探究、解读和解构。任何一项脱离历史性、社会性而抽象地探讨人性的本原、差异和形成等问题的研究活动，都很难作出科学的论断。

当我们从"人性善"的视域去讨论教育问题时，就不得不提及孔子、孟子二人了。孔子在《论语·阳货》中提出"性相近，习相远"的观点，尽管没有"善"的直接表露，但从其对"仁"的阐释中可以窥探出"善"的意蕴。而作为儒家学派重要继承人的孟子，认为人先天具有"恻隐、羞恶、辞让和是非之心"等品性。此外，自宋代以来广为流传的童蒙读物《三字经》则开宗明义、直抒心意，提出了"人之初，性本善"的思想和观点。基于此，在一定程度上，我们的教育应该是要尊重人的本心，恢复"人性善"的天性，通过觉察内省和主观修养的方式，进而达到"尽心、知性"的境界。简言之，"人性善"所主张的教育实则是要尊重天性、呵护本心和发展个性，让学生自然成长，成为他自己。

二、教育中"善"的价值隐忧

目前，很多中外教育专家学者纷纷从不同理论学派、文化背景或学科视角等对教育内涵进行种种描述和界定。这些教育内涵也从多种角度或层维呈现出了教育的本质和功能问题。无论是朱熹的"使人以学圣"，还是荀子的"以善先人谓之教"；无论是夸美纽斯的"教育要发展健全的人"，还是杜威的"教育即生长"等，都在不同程度地对教育本质、教育目的和教育功能进行阐明和界说。当我们从更加宏观、外延的角度对这些理论界说进行审视、比较和分析之后却不难发现，这些观点和主张意在进行系统的、渐进式的提升与改善，实现由无到有、由少到多、由低到高、由残缺到完善、由未完成到完成的转换。教育的这种渐进性、螺旋式上升的根本面向、特有品质和存在样态正是其"善"的呈现形态和意涵指征。就如罗廷光在《教育概论》中所阐释的"教育是一种继续不断的改造经验的历程，由此可使个人生活圆满，社会文化继续扩张……"❶

---

❶ 罗廷光. 教育概论 [M]. 上海：世界书局，1933：8-9.

教育的"善"无论是对人的培育，还是对社会的服务，最终都是要聚焦并落实在"人"这一主体上。因此，讨论和阐释教育"善"的问题，就不得不涉及人的价值、意义和理性等这些问题。在"人的价值"层维上，无论是人的主动性还是受制性，无论是人的目的性还是工具性，无论是人的索取性还是奉献性，都在指征着人的价值和意义的存在。当然，人的价值是否能够实现以及实现得是否完满都无法脱离教育。此时，教育的本质和教育的目的内涵如何？又有着怎样的关系呢？简单地说，教育本质要解决"是什么"的问题，而教育目的所要解决的是"干什么"的问题。在一定程度上，教育目的的定位是对教育本质问题的追问、关切和回应，二者之间存在着延顺性、递进性和传承性。从前文对教育功能或作用的表述与阐释来看，教育本质和教育目的的原初本义是善的、是美的也是真的。在哲学层面，康德曾在多本著作中对真、善、美问题进行全面阐释和深度剖析。康德在把美视为一种自由快感的同时也赋予了美的独立地位，但遗憾的是在很大程度上造成了美与真、善的割裂。此外，席勒从美学的视角对真、善、美进行了精彩表述。席勒把社会分为三个层次：力量的国度，使社会成为可能，属于知识的范畴；伦理的国度，使社会成为必要，属于道德的范畴；审美的国度，使社会成为现实，属于美学的范畴，只有到了这个时候才能真正实现人的自由与完善的发展，社会才返入到自由王国的理想境界。❶ 由此来看，真、善、美应该是教育所具有的不同属性和面向（知识为真、道德为善、艺术为美）。基于此，教育的真、善、美是什么呢？三者之间又有着怎样的关联呢？在教育境域中，我们把体现、尊重或符合客观规律性称为"真"（规律性），把满足个体或社会目的要求或利益需求称为"善"（目的性），把表现出人的能动性或创造性称为"美"（创造性）。也就是说，教育只有同时具有"规律性""目的性"与"创造性"这些特征和要求，我们才能称其为真的、善的、美的教育，才能视其为真正的教育。

---

❶ 黄济. 教育哲学通论 ［M］. 太原：山西教育出版社，1998：604.

第三节 学校仪式空间规训的矛盾思辨和自我辩护

一、驯顺与抗拒的矛盾界说

马克思主义哲学作为人类哲学史上的一颗璀璨明珠，一直深深地影响着人们对"人和世界关系"这一本质问题的思考和争辩。同时，马克思特别强调矛盾的普遍性，旨在强调任何事物都有矛盾。对人来说，从生命的开始到终结、从机体的幼稚到成熟、从心智的空无到完善、从情感的喜爱到憎恶、从认知的寡少到渊博、从能力的羸弱到强大、从地位的卑微到尊贵等，无不经历着矛盾的洗礼和锤炼。而由人所构造并为人服务的教育世界自然也当如此。学校教育中的内与外、上与下、对与错、好与坏、得与失、攻与守、规制与抗拒等，无不表征着矛盾的存在。其实，从某种角度来说，人是矛盾的，也是"贪婪"的。人，既需要依赖于客观，又欲竭力摆脱客观对自身的限制与框定。也就是说，人既想摆脱它，又需要依赖它；人既想改造它，又需要维持它。这是人类存在方式和发展逻辑中矛盾最真实的呈现和诉说。恰恰正是这样的"矛盾"，为规训化教育带来了别样的色彩。

不可否认，当下教育实存着物化现象和规训化形塑等特点和表现。这也使得我们的教育跌入了规训化教育这个"万劫不复"的深渊。但我们必须反思和理性分析，这样的教育现场是谁构造的？是谁在经营和维持着这样的教育？又是谁在这样的教育场景中主动参与和积极迎合？这些问题都不同程度地指向了"人"这个向度。所以，"人"才是规训化教育的源头，"人的矛盾性"才是规训化教育形成的源泉和力量。人既想切实享有安定、和谐、良善、幸福的美好生活，但又不想受到安定、和谐生活所具有的秩序性和规范性的种种约制和限定，这是一个"两难"的问题。由此来看，规训化教育也是如此。

人为构造的规训化教育，一方面，通过权力、关系、结构和秩序等对人进行支配和形塑，把人规制成为驯顺的、可用的物或器；另一方面，人又对自己所构造的教育表现出较大不满，在语言和肢体等方面进行着种种抵触和抗拒。人在规训化教育中的矛盾性和两难性均聚焦在"自我规制"和"自我抗拒"的独立和冲突之中。简言之，人其实陷入了自我构建的"藩篱"，从这些"藩篱"建立的那一刻起，就未曾停止过冲突和抗拒。

二、为学校仪式空间规训辩护和正名

无论是福柯微观权力视角下的"规训化社会"，还是被权力、关系、秩序和结构所交织的"规训化教育"，一定程度上是作为一种"恶"的现象和角色登场的。正是它们的存在和影响，使人失去了精神、自由、德性以及向往美好生活的勇气，深陷自我构建的牢笼。从这个视角来看，规训化教育是恶的。但从静态的视角对其存在实体来看，规训化教育也不过是教育的一种负面存在样态，并不是教育的必然和全部。教育中出现这样或那样的问题，是任何事物的存在常态，也是客观规律和矛盾普遍性的应有样式。这是教育与其他事物的共性所在。

福柯本人对"规训"问题的理论阐释和持有态度以"批判性"为主基调，但也显露出少许"肯定性"的意蕴。因此，福柯将规训阐释为"规范化训练"。福柯大肆批判了微观权力对人精心持久的支配和形塑，让人变得更加有用、有效。但福柯同时也承认，人的这种有用性和有效性正是在规范化训练中逐步实现的。这种规范化训练只能出现在对人的严密控制、强力支配和精心规制之中吗？难道不可以出现在放逐人性、释放精神、彰显个性、回归德性和追寻良善等方面吗？难道不可以在"人成为人"的真正教育中以"善"的一面出现和发挥作用吗？我想这些问题之间并没有绝对的界限和存在着不可逾越的壁垒。这些规范化训练究竟是善的还是恶的，不在于其本身，而在于它所面对和服务的对象主体的价值取向和判定标准。同样的规范化训练，在加剧人性的禁锢和人的精神的隔离奴役方面就是恶的，但在启迪人的智慧、获得人格尊严、施展个性品德以及引领人们追求美好幸福生活方面就是善的。也就是说，规训，即规范化训练，只是一种让人变得有用和有效的技术和手段。这种有用或有效是基于谁的？

基于谁的需要的？是外在权力还是我自身？换句话说，规训充其量只不过是微观权力操控和形塑人的一种媒介和话语表达，其究竟是善还是恶，不可一概而论，需要从规训的对象及其需要来考量。

从现有研究"规训问题"的文献资料来看，似乎窄化和曲解了福柯"规训理论"的内涵和表达，一厢情愿地站到了规训理论的批判性阵营，却忽视了规训理论的多种价值取向和合理向度指征。对任何理论学说和思想主张的学习、理解与分析，对任何教育问题的感知、定性和处置，都应该坚持一种客观、全面、综合的态度和立场。只有这样，我们所看到的教育问题才会更加真实、理论运用才会更加贴切、研究得出的结论才会更加有价值、问题解决得才会更加彻底。

三、学校仪式空间规训的"使动性"和"约制性"

保罗·弗莱雷将压迫表述为"任何'一方'客观地剥削或阻碍'另一方'追求作为可负责任的人的自我肯定，这种情况均属于压迫。这样的情况本身构成暴力"❶。根据保罗·弗莱雷对压迫内涵的界定和表述，压迫并非某一具化的客观实体，而是一种关系。只要存在着权力，只要存在着影响对方真实意志表达的关系和力量，就可以理解为压迫。正是在这些批判性理论的影响下，一些专家和学者对福柯规训思想的解读和阐释呈现出严重的"一边倒"现象，只有大肆批判之后的否定，鲜有较为积极或理性的分析和解读。也正是如此，才造成了"福柯规训思想"沦陷到负面的、消极的、压迫性的深渊。爱弥尔·涂尔干曾对"社会的结构性特征"进行了深入分析，指出在社会结构和人的能动之间存在着内在关联，使结构或权力本身具有使动性和约制性。既然社会结构和权力关系是这样的，那福柯所表述的"微观权力规训"何尝不是如此呢？在我们对福柯规训思想的"制约性"进行揭示和批判的时候，似乎忘记了其使动性中积极的面向，犯下了以偏概全的错误。也就是说，规训权力也好，制度、规则和秩序等

---

❶ 保罗·弗莱雷. 被压迫者教育学 [M]. 修订版. 顾建新，赵友华，何曙荣，译. 上海：华东师范大学出版社，2014：15.

也好，本身并没有好与坏、善与恶之分，关键在于受众对象的需求。就像教育中人的社会性问题一样，如果教育规则或规范是为了更好地让"人成为人"和"成为他自己"的话，那这种规则或规范就具有善性。

在学校仪式空间规训实践中，我们不会否认其约制性的一面，但也不应该忽视或无视其使动性这一积极性的面向。因为，人的发展和社会的进步，均是在使动性的突破中完成的，而不是约制性。

四、学校仪式空间规训的"去规制化"和"强规制化"

福柯强调的是微观权力通过外在精致、周密的规范、规制、秩序或结构对人进行支配和形塑。福柯所表述的"规训"其最原初的本义实则是"规范化训练"。安东尼·吉登斯指出，权力并不是必然和冲突联系在一起的，无论冲突指利益的分化，还是指各方积极的斗争；而且权力也并不一定是压迫性的。❶ 可见，权力并非都是善的，也并非都是恶的，需要进行辩证的分析和对待。既然如此，学校仪式空间规训所指涉的"规范化训练"中的规范或规则，理当区别对待、辩证分析。不可否认，我们处在权力、关系、规制、秩序和结构等交织下的世界中，结构化和规则性特征明显。从某种程度来看，在权力的支配下，人建构了规则，同时规则又左右着人。规则的"二重性"特征或"二元论"分法也需要我们对其进行具体问题具体分析，不可一概而论。

此外，哈贝马斯指出，价值理性在向工具理性转变的同时，人也逐渐迷失了方向，失去了意义和自由，使得人及其日常生活世界逐渐被边缘化和工具化。不仅如此，哈贝马斯以规制力度强弱为参照，将规制划分为"强规制""弱规制"和"无规制"三类，并尝试着去追寻"生活世界的合理化"。基于此，在学校仪式空间规训实践中，我们有必要对规制进行梳理、审视和分化，将那些以"人成为人""人成为他自己"和"人成为完善的人"为出发点和落脚点的规则视为善的，需要强化；而将那些泯灭

---

❶　安东尼·吉登斯. 社会的构成：结构化理论大纲［M］. 李康，李猛，译. 北京：生活·读书·新知三联书店，1998：7.

人性、丧失人格、摧毁精神的，让人成为物或器，对人进行支配和形塑的压迫性规制视为恶的，需要去化。因此，我们需要对恶的、剥夺人作为主体性意义存在的种种规制进行破解和去除，需要对善的、能够有效重塑主体性意义、保障主体参与真实性、建构对话式关系的规则进行强化和深化。在学校仪式空间规训善的规制强化中，人能够不被扭曲地生存和生活，并在日常的交往互动中建构自身的主体理性。

在学校仪式空间规训"善的规制"强化的境域中，探寻一种公平、开放、自由、民主的合理交往互动是必要的，也是可能的，如"对话式教育"。

第四节　对话式教育：教育中善的诠释和践行

一、对话式教育的终极价值：成为我自己

无论是雅斯贝尔斯的教育使人自由地生成并启迪其自由天性❶的界定，还是杜威的教育即生长，学校即社会，教育即改造❷的阐释；无论是苏格拉底的"唤醒真知"的表述，还是卢梭的回归自然、发展天性❸的主张，这些都在不同程度地表征着人在教育中的地位和角色。人作为教育活动的建构者、实施者、享有者、评价者和调整者，无时无刻不在指征着人和教育的固有渊源和特有关联。此刻，我们再次回指并印证前文所论述过的"教育是人的教育，教育的问题是人的问题，人是教育的尺度"等观点和主张。换言之，教育作为一种人为和为人的社会实践活动，其在本质上就是尊重人、解放人、发展人和成就人，不断使人的精神得以放逐、尊严得以尊重、人格得以维护、个性得以彰显、德性得以养成以及对美好生活的追寻得以实现等，以"人是什么""人成为人"和"人成为什么样的人"

---

❶ 雅斯贝尔斯. 什么是教育 [M]. 邹进，译. 北京：生活·读书·新知三联书店，1991：3.
❷ 约翰·杜威. 民主主义与教育 [M]. 陶志琼，译. 北京：中国轻工业出版社，2014：Ⅲ，Ⅴ.
❸ 卢梭. 爱弥儿 [M]. 李平沤，译. 北京：商务印书馆，1978：2.

为出发原点、逻辑起点和落脚点。简言之，所有的教育问题，善与恶、对与错、是与否、好与坏、得与失等终究都是要聚焦到"人成为什么样的人"的基点上进行考量和评判。因此，就某种角度而言，"人成为什么样的人"实则成了教育的终极价值、根本指向和基本担当，这是教育从其诞生的那一刻起就被镌刻的深深烙印。尽管教育被规训化所蒙蔽、掩饰和侵蚀，但其在本质上对"人性"和"自由"的追求和努力却从未停歇。由此看来，一种"人成为人"为终极价值和根本指向的教育方式或模式呼之欲出。

谈及对话式教育，人们并不陌生，其最大的特点就是师生平等、自由思索，只有无休止的追问和深入式的思辨，而没有统一、固定的模式。从某种角度来看，这样的"对话式教育"主旨在于唤醒学生的认知力、思辨力和潜在力，进而促使学生由内而外产生一种自动的责任感，来寻求自我、认识自我和实现自我。由此可见，苏格拉底的对话式教育实现了教育中主体的转移，由以往教师对自身的关注转移到了学生的身上，由教师操控转移到教师引导。在很大程度上，"学生"（或"学生与教师"）成了教育的真正主体，学生在无限追问和思辨的精神下不断地超越自我。此外，在对话式教育中，苏格拉底对教师的责任或价值进行了界定，教师最基本的功能就是"唤醒"。此外，保罗·弗莱雷将对话式教育的实质阐释为"教育作为自由的实践的精髓"❶。正如很多教育家和专家学者所论述的那样，教育是自我生命的唤醒，学习是一种亲历性行为，只能是自我认知，不能是转让。在对话式教育中，通过无休止的追问和思辨，师生双方去认识自我、认知知识和探寻真理，不断地发现和不断地超越自我的存在。

人作为一种能动的会使用生产工具的高级动物，总是有意或无意、直接或间接、显著或隐晦地寻求或试图寻求与他者的对话。事实上，人的思想、观念、认知、经验、技能等都是来自其与周围世界、他者的对话交流。无论是思想，还是教育，在本质上都是对话式的，都是经由对话传承

---

❶ 保罗·弗莱雷. 被压迫者教育学［M］. 修订版. 顾建新，赵友华，何曙荣，译. 上海：华东师范大学出版社，2014：2.

价值和意义，都是经由对话在主体之间建立联结和传输。因此，教育就其本质和意义而言，是一种主体间的启发、激励、引导、唤醒和超越的对话式教育。无论是苏格拉底的"精神催产术"，还是我国文圣人孔子的"述而不作，以对话育得弟子三千"，都可谓是对话式教育的真实典范，对后人启发深远、意义非凡。

二、对话式教育的内涵界说

对话式教育最早可追溯至古希腊。"对话"在希腊文中为"dialogos"，本义是指意义在主体之间的自由流动，指征着通过提问、聆听、思考、再追问、赞同等方式让参与者不断地思考，进而认识自我、掌握知识和超越自我。由此看来，此在的"对话"并不是指我们日常生活中交谈式的对话，而是一种对话精神或意识。基于此，对话式教育在内涵上要体现出以下特征或特点：

（一）"我与你"共同在场的创生历程

在对话式教育境域中，教师和学生之间是一种平等、信任、开放和自由的"我与你"式的关系。这种关系不是一种主导与被主导、控制与被控制、支配与被支配、规制与被规制的失衡的存在，而是与"我"具有相同地位、权利、能力的"你"的存在。因此，"我与你"是一种平等、开放、民主、自由的互动性的创生性历程，进而浸润参与者心灵，促进参与者共成长。

（二）彼此尊重、相互理解和不断超越的历程

对话式教育是在参与者共同参与、彼此尊重、相互理解、相互促进中完成的，是基于参与者不同的思想观点、知识认知、经验体认的。换言之，对话式教育表征着多元和差异，隐喻着对立和冲突。对话式教育的差异和多元，既是固有阻滞，也是存在必要。恰恰正是参与者之间在思想观点、知识认知和经验体认等方面存在着的多元、差异、对立与冲突等基本事实，才有了"对话"的可能与必要。在对话式教育中，不同的参与者通过无止境的追问和思辨，尊重彼此观点，理解彼此体认，追求经验融合和

智慧创生，不断完成自我超越，实现共成长。

（三）自我省思与意义再造的历程

对话式教育是一种放逐式的、解放性的互动活动，使参与者被压抑许久的意识、思想、观点等得以自由表达，使参与者的这些意识和思想观点能用一种理解性的、突破性的方式得以呈现。可见，在这种语境下，对话式教育实则是一种自我省思的过程。通过自我省思，结合对话过程中所获得的新的视野、智慧和启迪，对原有自我、思想观点和认知经验进行样态转化和意义再造。因此，对话式教育的自我省思、样态转化和意义再造过程中，参与者共享着真理知识、认知经验、融合智慧、创生精神和再造意义。

（四）建构、解构和重构关系的历程

在一定程度上，对话式教育是我与你、单一与多元、对立与协调、被动与主动等关系建构、解构和重构的过程，其顶层设计就是在对话中实现对生命的观照和尊重、对人生意义的追寻与叩问。对话式教育的这种顶层设计是建立在一系列由参与者共同构建的关系之上，发生在构建关系的情境之中。参与者通过这种建构、解构和重构的互动关系，获得了尊重、理解、信任、激发和成长，使人的生命得以尊重、人生的意义得以重视。

（五）源于内心和真实表达的历程

对话式教育存在的重要条件之一就是对话要源自参与者的内心并要真实地表达，不虚伪、不造作、不掩饰和不夸张，做到源于心、止于实。因此，在对话式教育中，参与者的表达要基于内心，保持外在表达与内心思维的一致，保持表达态度的真实性和表达内容的真实性，并且要对对话的真实性负责，进而促进参与者之间良性关系的形成。由此看来，"源于内心、真实表达"既是对话式教育存在的条件，也是对话式教育魅力之所在。

三、对话式教育的功能呈现

不言自明，教育在人类社会的漫长发展中发挥着重要作用。只有摧毁

霸权权威、破解规训实指，只有让人从"被规制和填塞的罐子"转化为"需要点燃的希望火种"，只有让人"被禁锢的精神和泯灭的人性"得以释放和尊重，教育才能真正抵达"人成为自己想成为的人"的终极价值。由此看来，对话式教育正是点燃希望、释放精神和回归人性的火种或触发器。具体表现如下：

（一）有利于消减权力和理顺关系

就规训化教育而言，其本质上是权力、关系、秩序和规则等以微观化的、强制的、精密的和温和的方式对人进行支配和形塑。在这样的情境中，人被区隔、分层和异化，很大程度上造成了人与人之间地位的分殊和距离的疏远，如地位的高贵和卑微、成绩的优秀和落后、关系的友善和对立等。这样的人为区隔和异化在对话式教育中得到极大消解。在对话式教育中，所有参与者地位是平等的、人格是高贵的、尊严是神圣的、个性是彰显的，对话氛围是开放、民主、自由与融洽的，不再是规训化教育中那种分层、垂直的操控关系和压迫规制。此在的对话式教育，俨然成了一种"成为我自己"的援助式、引导性路径和载体，进而使得人的精神、生命、尊严、品格、德性等得到尊重和重视，从而使人能够以"人之为人""成为我自己"的方式和样态存在。

（二）有利于激发人的质疑精神和批判意识

马克思多次强调和重申人的能动性和实践性。也就是说，人的这种能动实践性不是完全受制于自然的、客观的，而是在意识能动的指导下去实践它、改造它。这种改造得以实现的关键在于人具有质疑精神和批判意识。可见，在良善教育领域中，人不是被操控、征用和形塑的器或物，不是驯顺、乖巧和听话的对象性存在；而是具有思想性、独立性、自由性和批判性，具有平等地位、独立精神、健全人格和言说主体理性的教育合作者。对话式教育的出现，使人的质疑精神和批判意识得以呈现与提升，使人的存在性和意义性得以转化。

（三）有利于让人更完善

就像前文所表述的那样，教育在本质上就是要让"人成为人"，其最根本目的和核心功能就是要让"人成为自己想成为的人"。在对话式教育中，人在追问和思辨的过程中，不断地进行思考、反思和自省，进而放逐精神、打破限定、冲出狭隘、意义再造和超越自我。由此看来，对话式教育在无休止地转化和再造中，使人不断地得以充盈、提升和完备，使人的个体性与内在性不断得以完善，使人越来越"成为自己想要成为的人"。可见，对话式教育在很大程度上为实现"人成为自己想要成为的人"这一伟大目标提供了实践基础。

四、对话式教育的实操建构

在一定意义上，对话式教育就是通过追问和思辨的方式，引导、启迪和激励人不断地认识自我、理解自我、完善自我和超越自我的精神实践活动。这样的精神实践活动在很大程度上意味着精神的独立性、思想的自由性、表达的真实性、认知的差异性和成长的未完成性或不确定性。在教育领域中讨论"对话式教育"，只将其视为一种教学行动或教育行为显然是片面的、狭隘的。对话式教育把人性从迷失中得以回归、把精神从禁锢中得以放逐，是一种平等、民主、开放和自由的教育实操策略，是教育与生俱来的先天性条件和固有性品质。

（一）激发管理育人的善意取向

彼得·德鲁克曾指出："管理的本质，其实就是激发和释放每一个人的善意。"❶ 在德鲁克看来，管理的要义不在于去改变人，而在于能够激发潜能，合理运用每一个人的专长和才干，引领和激励每一个人能进行自我管理和自我提升，实现自我超越。在这一点上，其与对话式教育是存在着共性的。不可否认，管理无论是作为一项工作，还是作为一个实现目标的手段，都是具有工具性和技术性的，指征着选择性、操控性和生产性。在这种语境下，管理势必会对其对象产生直接或间接的影响。在一定意义上，管理机制或体制是一种可操作化的技能或手段，具有强烈的使动性和约制性，但其本身并不直接具有善性或恶性，关键在于其受众的需要。由

---

❶　邵明路. 德鲁克：管理的本质是激发善意［J］. 企业研究，2015（10）：14－17.

此看来，在我们谈论管理的善性或恶性的时候，不能脱离受众对象及其情境在场。需要我们深思的是，学校场域中的管理是善性的还是恶性的呢？对场域中人的影响是积极性的还是消极性的呢？这需要我们做到具体问题具体分析，不可一概而论，就像学校仪式空间规训一样，我们在正视其消极性影响的同时，也不能忽视其积极性影响的面向。因此，我们要建立和健全"人之为人""成为自己想成为的人"的援助式和启发式管理机制和体系。这种充满育人意蕴的善性管理机制不再是压迫性和取代性的，而是帮扶性的，是在尊重、平等、民主、开放和自由的基础上形成的。只有如此，我们的管理机制或体系才是充满善意和基于人的，才能真正激发人的善意和使人成为自己想成为的人。

（二）重塑主体理性的对话在场

提及理性的话题，代表性人物当属康德，其对"理性""纯粹理性"和"理性主义"等进行了深刻而独特的阐述和分析。柏拉图在其著作《文艺对话集》一书中将理性界定为人的灵魂的本质。❶ 在古希腊哲学中，理性被视为人与自我关系的建构，是人对自身进行精神教化和心灵洗礼的技术和德性。人正是在这种理性的引领下，不断地省思自我与世界中"善"的问题，不断地认识自我和改善自我，并使精神回归自我。由此看来，认识自己实则是认识人自身的理性精神，而认识自己的目的在本质上实则是为了完成对自我理性精神的构建。在这种语境中，我们发现，人不仅是一种意义的存在，还是一种理性精神的建构。或者说，人是具有理性的。人的这种理性一方面帮助人们支配认知、寻求秩序，最大限度地使人及人的灵魂免除暴力和冲突；另一方面引导人们不断地追求更高层次的善和生活中的合理性、美好性。这在表明理性"至高无上"地位的同时，也充分指征着理性秩序对人的精神、灵魂、自由的规制和限定。此时，我们可以对理性作出这样一种合理性想象和理解性解释，理性是认识自我、体认世界、创造情境和选择行动的条件，是追寻良善生活方式、叩问生命价值状态、实现自我完善品质和维护正当秩序的条件。当然，这种理性是人所具有

❶ 柏拉图. 文艺对话集 ［M］. 朱光潜，译. 北京：人民文学出版社，1963：124－125.

的，也是基于人的。

在一定意义上，理性的本质是人的灵魂，并要将灵魂从中引出。那么，这种引出人的灵魂过程就是对人实施教化的过程。换句话说，人的理性来自灵魂，但需要教化方能完成。这种教化是对人的内在性和精神性进行唤醒、激发和引导，是人内在的觉醒，而不是外部的强制灌输和压制。基于此，教化实则是对人的理性精神的释放和主体灵魂的唤醒。正因为如此，教化成了教育中最主要也是最常态的育人手段。

在面对"规训化教育"和"人的主体理性缺失"所带来的危机时，我们需要对规训化教育进行转化，需要对人的主体理性进行重塑，对话式教育就是一种积极探索和有益尝试。在对话式教育境域中，参与者在平等、民主、开放和自由的对话空间中，充分地表达自我、展示自我、实现自我和超越自我，通过持续深入的追问和思辨，来宣示自我主体的在场，建构主体理性，寻回存在意义。

（三）营造自由对话的民主空间

对话式教育十分注重参与者内在思想与外在表达的一致性，也就是真实性。这种存在的外在性与主体的内在性高度一致，需要在一个平等、民主、开放、自由的空间实践中，既不能从外部施加威逼利诱，也不能内在地迷思懵懂，只能是一种自由的精神存在。这种自由的精神在民主空间中为所有参与者提供了自由表达、选择和成长的际遇。换言之，对话式教育最可贵之处在于为所有参与者提供一种自由对话的民主空间，能够激发参与者不断地自我认知和自我超越。可见，营造出平等、民主、开放、自由的对话空间，有助于让人在对话中做到真实的表达、理性的建构、意义的再造和完美的超越。

（四）培育质疑批判的独立精神

在对话式教育这种"我与你"直接、平等的对话关系中，人不再处于被支配、被形塑的失语状态，而是人性得以回归、精神得以独立、人格得以健全、德性得以养成，在允许质疑和批判之余，人也逐渐从失语状态转向话语表达，完成了从物质性的对象存在向主体性的理性回归的质的转变。正是在对话式教育中不断地追问和思辨、质疑和批判，才实现了人的"主体理性"的建构和"自我超越"的转化。可见，质疑、批判才是对话式教育的核心基点，也正是质疑批判精神引导参与者独立地运用批判质疑的态度、精髓去认知经验、理解自我和体认世界的过程。因此，此在的质疑批判精神才对话式教育直指人性回归和叩问终极价值的关键节点和基本理路。

（五）保障人之为人的基本权利

教育是人的教育，这也在很大程度上表明了人在教育中的地位、身份和权利。对话式教育作为一种平等、民主、开放、自由的空间营造，参与者在对话关系中的平等、自由、参与、言语表达等权利自然也成了对话式教育存在的重要条件。对话式教育只能在参与者彼此尊重、信任、理解和成全中认识自我、展示自我、表达自我、实现自我和超越自我。基于此，维护和保障人的平等权、自由权、参与权和话语表达权等，既是对话式教育的本质诉求，也是对话式教育存在的基本构件。在对话式教育中，只有对参与者的平等、自由、参与和话语表达等权利进行维护和保障，才能更加实质性地迈向"人成为人""成为我自己"的精神追寻和价值叩问。

（六）搭建理想实现的扶梯

教育的本质是让"人成为自己想成为的人"。由此可见，教育的终极价值和顶层设计在一定程度上是指征着人的理想性或目的性的。当然，人的这种理想性或目的性的确立也是表现在个人对终极价值的理解和认同过程之中。在当下教育现场中，现代社会中的人对于"人是什么""人成为人"以及"成为我自己"等终极价值的追问和思考似乎变得茫然。因此，在对话式教育中，我们要追寻理想或希望中善的价值和力量，我们要在对话共同体中搭建积极向上的援助式的实现理想的扶梯，让人成为他自己。在对话式教育中，我们通过构建对话共同体，通过对"爱""平等""自由""欣赏""理想""理性"等对话品质的观照来完成人的自我精神构建和自我理想实现。

（七）诠释人性回归的对话品质

不可否认，对话式教育作为一种转化和救赎规训化教育的社会性实践活动，其对平等、民主、开放、自由对话空间的营造，对参与者平等、自由、参与和表达等权利的维护，对参与者主体理性的构建和自我超越的鼓励，能够极大地引导、启迪和激励他们向着"成为自己想成为的人"的终极价值去创生精神、建构理性和养成德性。因此，在追寻人性回归的对话式教育中，诠释并践行"对话"品质和精髓显得尤为关键和迫切。通过对对话式教育内涵、构成要件和功能的梳理、比较和分析之后发现，对话式教育的品质和精髓有以下几个层维。

其一，爱心。不言自明，教育最初是源自家庭的养育，源自父母对孩子无限的爱意。爱是人与人之间最良善、最真挚和最高贵的德性，是人内在心灵的力量之源。从某种角度来说，教育是爱的事业，对爱的理解和诠释是教育中人的价值升华和理想实现的关键因素。因此，教育中的爱意味着接纳、尊重、信任、激发和成全，意味着在共成长中表达自我、展示自我、实现自我、超越自我以及追寻美好生活。简言之，教育是爱的教育，真正教育是由爱心铸成。可见，对话式教育是建立在爱或爱心基础之上的。缺少了爱，也就缺少了对话。此在的爱不是教育的手段，而是教育的本身。只有参与者之间的爱得以际遇、表达、互动和融合，只有诠释并践行爱心，对话式教育才能纯正地存在着。

其二，谦逊。在对话式教育中，参与者之间的地位是平等的，思想是独立的，表达是自由的，人格尊严受到尊重，表达观点得到重视。每一位参与者都是以独立的主体姿态存在着，彼此是平等地存在着。对话式教育的这种平等性在很大程度上是依仗着"谦逊"品质才得以实现的。正是有了谦逊，才排除了所有维度与任何意义上的分歧、分层和分类，才消除了人与人之间人为造成的种种歧视与分化。人只有在拥有一颗谦逊之心的时候，才会在真正意义上尊重彼此、理解自我、包容差异，才会享有真实的平等和积极的自由。

其三，信达。古语常说："人，信则立，不信则废。"而此在的"信"

则是诚信、信守诺言的意思。在对话式教育中，所谓的"信达"主要是指参与者要对自己表达内容的真实性负责以及把对话结果付诸实践。对参与者来说，通过信达的确立，能够进一步明确责任担当、唤醒自我意识、孕育自我实现路径。在对话式教育中，信达逐渐由责任转化为自由，人也由"我存在"转化为"我要怎样的存在"。这种转化和质变是内生性的，是不需要外部或他者进行野蛮干涉和钳制的。

其四，理解。从某种角度来说，人是一种意义的存在，而这种意义的存在又是基于人对意义的赋予、理解和解释的。可见，理解是人存在的方式和呈现。就像狄尔泰所论述的那样，"自然需要说明，而人需要理解"❶。在一定意义上，人一直是在理解中认识自我和超越自我的。可见，对话式教育的实施过程实则是人相互理解的过程，对话是通过对意义的表达、交流和理解而存在的。换言之，对话式教育中的人正是在理解中认识自我、生成自我、实现自我和超越自我的，是在理解中完成自我构建并追寻美好生活的。

其五，成全。众所周知，教育在本质上是基于人的，"尊重人、解放人、发展人、成全人""人生活得更有尊严"以及"不断提升人的社会地位"等都是教育对人的终极价值和应有成全。而这种成全绝不是将人视为客体化、符号化和对象化的存在，而是具有理性的人。在对话式教育中，参与者是具有主体理性的，通过对话、交流与表达等方式很好地维护了主体理性的确立，寻得了意义感和存在感。

其六，希望。就某种角度而言，希望是比较性和未达成性的，是与当下实然状态比较之下产生的对未来应然状态的一种期待、希冀或憧憬。可见，希望是一种寄寓于未来的精神状态和理想预设。恰恰正是因为人的这种"未完善性"或"残缺性"，在希望的指引下，人的精神不断得以发展，对未来可能性的期许不断被强化，自我实现和超越自我的意识不断被唤醒，人才能逐渐"成为自己想成为的人"。由此看来，人是生活在希望之

---

❶ 马忠才. 后现代诠释学对质性研究方法论的挑战 [J]. 西北民族研究，2010（2）：123 - 128.

中的，教育更应该理当如此。所以，无论在什么时候、什么地方，教育都要给予人一种生存的希望、成长的期待和超越自我的渴求。希望，使对话成为一种可能，使教育成为一种可期待的方式，使人有精神、有灵魂地真诚自由地活着。

总之，对话式教育终究是理想性的，是人要为之努力的应然状态，但这种理想却是值得我们去追寻并践行的。因为，它不仅是教育的本质要求和终极价值，还是人完成自我创造、重塑理性回归和实现自我理想的依赖条件和根本支点。

本章小结

理想需要坚守和追寻，现实也需要面对和正视。因此，本章在回应"如何应对学校仪式空间规训"的问题时，在从理想世界视域对教育中"人是什么—人成为人—成为我自己"进行终极思考和哲学追问之后，也对现实世界视域中教育该如何实现"物—人—成为他自己"这一本质转变和关系重构进行了实践路径探讨，并尝试着从哲学矛盾观、制度或规制的使动性和约制性、去规制化和强规制化等视角对学校仪式空间规训进行辩护和正名。尽管对对话式教育的价值思考、内涵界说、功能呈现和实操建构略显稚嫩和肤浅，但终究为转化规训化教育、实现真正教育理想指明了新方向，开启了新视域。

第六章　学校仪式空间的真实与意象

> 人作为实践的存在，是行动和反思的结合体。
>
> ——（巴西）保罗·弗莱雷

教育研究在具有科学研究范式共性的同时，也具有鲜明的自我特性，在众多的特性中，面对现实是教育研究最本质的要求，并致力于能够为解决现实问题提供可能和参考。本研究作为一项以 W 中学为研究单位的质性研究，通过对所获取的研究资料的分析得出了相应的研究结论，使先前的研究问题进一步得到回应，具有一定的研究价值和意义。虽然本研究存在着"研究资料不够聚焦""资料分析方法不够娴熟"等方面的不足和局限，但这丝毫不影响教育研究的原本价值和应有意义。通过对整个研究过程进行梳理、总结和反思，无论是研究结论的获得，还是研究存有的缺憾，都具有一定的价值和意义，这都将更好地引领我们推进教育研究、指导教育实践成为解决教育问题的有力推手和基本铺垫。

第一节　学校仪式空间的真实

一、样态呈现

仪式空间作为一种权力化、表征性和生产性的客观存在，在具化到学校场域之后，就具有了别样的意蕴和色彩。在"教育即规训"的基本论断和真实写照之下，学校仪式空间俨然成了规训化权力进行意志表达和利益诉求的重要场所和基本途径，而学校仪式空间规训结果的样态塑造和日常性呈现也就成为规训化权力存在、运作和产出的有力见证。换言之，学校仪式空间的样态呈现，实则是规训权力的意志表达和利益诉求。

学校仪式空间规训样态或结果的形塑是规训权力的意志表达和利益诉求。这一结论或观点主要通过学校仪式空间规训实践的"日常性"表现出来，具体体现在以下几个方面：（1）身体的镜像性。在学校仪式空间规训境域中，人的身体具有此在性、指征性、社会性和技术性（空间分配、活动控制、创生筹划和力量编排）。此在的身体不再是个体化的肉体，而是权力、力量、关系、结构和秩序等的集中表现、载体和着力点。（2）学校仪式空间规训实践样态的日常性。（3）学校仪式空间规训实践中的日常生活体验。具体通过日常生活中对"'菜地'兴衰见'权力'""'五好'评选起'风波'""'远足'启动坏'规矩'""'枇杷'采摘伤'人心'""'百日'动员创'符号'"五个典型性仪式事件的描述性呈现和理解性阐释不难看出，学校仪式空间规训实践中的权力、冲突、规则、符号、意义等与人的客体化之间存在着本质性关联和嵌入性互动。（4）学校仪式空间规训实践的日常性表达。学校仪式空间规训实践的日常性不仅以常态主题形式客观地存在着，而且还呈现出一定社会意义上的普遍性。比如国家教育意志的日常性呈现、学校校园卡的日常性嵌入和家长生活模式的日常性轨迹等。

简言之，学校仪式空间的样态形塑和结果产出，实则是规训权力的意志表达和利益诉求，任何一种规训手段或行动都体现出了学校仪式空间的日常生活性和规制普遍化。至此，在规训手段或行动的介入下，规训权力也完成了对学校仪式空间的占有和支配。尽管学校仪式空间规训实践的日常性及其扩散性是通过零碎化、片段化的仪式事件或活动呈现出来的，但其权力意志表达和利益诉求的载体却显露无遗。

因此，研究个案学校无论是在仪式空间规训的类型、特征、策略、手段和结果的形塑，以及仪式空间规训实践中的日常生活情感体认方面，还是在仪式空间规训的日常性表达方面，都呈现出"主轴式"结构样态（见

图6-1），指征着学校仪式空间规训权力的支配性、征用性和生产性。

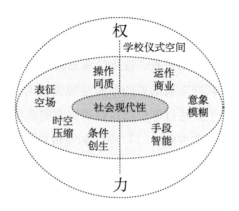

图6-1 学校仪式空间规训主轴式网格化结构（以特征为例）

二、成因透视

对学校仪式空间规训的成因而言，存在着权力挟裹下的"共谋"现象。在权力的拓植下，学校仪式空间呈现出权力化，尤其是在福柯微观权力的透视之下，学校仪式空间的权力化更加密集、精致和彻底。

学校仪式空间规训的成因主要体现在以下几个方面：（1）"我"是谁。在学校仪式空间规训实践中，我不是我，已经丧失了主体理性。（2）学校仪式空间规训权力的在场。权力在学校仪式空间以国家权力为主线所进行的拓植和扩张之中，无论是国家权力对学校发展变迁的操纵和征用，还是国家权力通过学校仪式空间样态在物质性、实践性和象征性层维的自我言说；无论是国家权力在学校仪式空间中的较量与妥协，还是学校仪式空间的意义呈现和社会认同，都在宣示并指征着"权力的在场"。（3）学校仪式空间规训运作的机理。无论是精神性空间中人与空间互动所衍生的满足外在规则和秩序的精神符码，还是物质性空间中用来意义赋予和精神表征的物质符码；无论是学校仪式空间来自权力、秩序的禁忌，还是学校仪式空间所恪守的布局规则。这些精神层面的教化、物质层面的改造、人际互动的建构和仪式空间的嵌套，都表明权力对学校仪式空间的支配性和塑造性。（4）学校仪式空间规训谱系学考察和解构。在福柯谱系学理论智慧的观照和启迪下，无论是对"教育规训普遍性"的认知，还是对"学校仪式空间权力"的透视；无论是对人类仪式的泛化和学校转向的梳理，还是对学校仪式空间规训存在背景的社会学解读，都印证了学校仪式空间规训境域中权力的出场和在场。

总之，研究个案学校的仪式空间规训是在权力操控和架构之下形成的，对仪式空间场域中的人产生着"日常性与扩散性""使动性与约制性"和"积极性与消极性"的影响。学校仪式空间本身就是一种权力化的、物质和意义的结合体。

三、抗拒展示

从某种角度来说，人是意义性和实践性的存在。当人在遭受外在权力、秩序、规范和结构等的规制和约束时，会进行能动性的表达和抗拒。尊重客观性但又不完全受制于客观性，这是对人的能动性的基本阐释和科学解读。

正如叶澜所阐述的那样"人类的教育活动起源于交往"。在学校仪式空间规训境域中，在彼此交往中，人的能动性主要通过言语和肢体两种方式进行表达。本研究对教育利益相关者进行以下分类阐述：（1）学生群体方面。在对学校仪式空间规训进行能动性抗拒的过程中，学生的抗拒行为形态有破坏型、质疑型、过渡型、寻乐型、伪装型和暂顺型六种类型。这些类型之间并非彼此孤立、决裂的关系，而是相互影响、相互交织的关系，对某一个体或群体而言，可能是多种类型兼具。此外，这些抗拒行为形态类型在男女生群体分类方面，也没有严格意义上的区分。如质疑型、过渡型、伪装型和暂顺型，就属于男女生均有。（2）教师群体方面。在学校仪式空间规训境域中，在一定程度上，教师既是规训者，又是被规训者，身份具有"二重性"。（3）学校管理者方面。在学校仪式空间规训的权力关系和秩序结构中，学校管理者尽管也是教师群体中的一员，但又明显有别于一线普通教师，与通常意义上的教师有着一定的区隔性和离散性，既是赋予权力的体现，也是自身能动性抗拒的意图表达。（4）家长群体方面。在对学校仪式空间规训进行能动抗拒的过程中，家长表现为"边缘化的配合"。从学校仪式空间规训权力的拓植效力影响层级来看，家长是边缘化的参与，一直游离在学校和家庭合作的边缘地带。鉴于人的能动抗拒行为的相似性，本研究在对教师、学校管理者和家长的能动抗拒行为形态进行描述和解释时就没有再进行细化和分类。所以，学生群体的抗拒行为形态类型划分也是适用于教师、学校管理者和家长群体的。只是在表现程度和影响力度等方面存在着些许差异，但类型模型是一样的。

总之，人在学校仪式空间规训实践中勾勒出了别样的"交往方式"和"交往样态"。研究个案学校场域的人通过言语和肢体进行着能动的表达。从当前学校仪式空间规训现场来看，尽管"人的能动性"表达方式还比较单一、表达力度还比较微弱、表达形态还比较窄化、表达效力还比较有限，仅仅只是对周围的制度、规范、规则等进行抵触和抗拒，很大程度上是一种低层次的抗拒。在学生、教师、学校管理者和家长群体之间，抗拒行为形态存在着交叉或交互的现象，但其已经成为学校仪式空间规训境域中一种非主流的、常态化的"交往"场景，势必会成为照亮教育"人之为人"的前行之路。

四、对话建构

参照一定标准或范式，人所身处的世界可以分为理想世界和现实世界。理想世界是宏大的、愿景式的和价值层面的，而现实世界是具化的、生存性的和事实层面的。人怀揣着"人成为人、成为我自己"的美好理想对教育进行建构，但美好、理想、乌托邦式的教育从理想世界落地到现实世界时，却被权力、规则、关系、秩序、结构等包裹并被异化。因此，在对理想的向往和追寻过程中增强对现实的观照和指涉，不仅是教育研究的基本面向，更是教育研究的本质要求。

对话式教育的理性思考和实操建构，实则是在追寻教育理想过程中对教育现实的一种关切和追问，既表现在以"人是什么"为起点、以"人成为人"为担当、以"成为我自己"为本真的"人性"的教育理想世界的追寻之中，表现在从哲学矛盾、使动性和约制性、去规制化和强规制化等视角对学校教育规训进行辩护和正名，还表现在对学校仪式空间规训进行揭示、批判和反思之后的觉醒中。对话式教育以"成为我自己"为终极价值，其内涵意旨可以解读为五种历程："'我与你'共同在场的创生历程""彼此尊重、相互理解和不断超越的历程""自我省思与意义再造的历程""建构、解构和重构关系的历程"和"源于内心和真实表达的历程"。由于对话式教育破除了规制约束，释放了独立精神，其功能主要表现在"有利于消除威权和理顺关系""有利于激发人的质疑精神和批判意识""有利于让人更完善"等方面。当然，面向现实并解决问题是关键点，也是本研究的落脚点和归宿点。对话式教育的实操策略有"激发管理育人的善意取向""重塑主体理性的对话在场""营造自由对话的民主空间""培育质疑批判的独立精神""保障人之为人的基本权利""搭建理想实现的扶梯"和"诠释人性回归的对话品质"，其中对话品质有爱心、谦逊、信达、理解、成全和希望。

总之，对话式教育作为一项教育实践行动，是现实世界中的人对规训化教育进行揭示、质疑、批判和反思之后的顿悟和觉醒，是对理想世界教育的探寻和追问。我们要在追寻理想的过程中回归现实世界，并要在现实世界中为实现理想寻找一种可能。对话式教育就是这种可能。

第二节　学校仪式空间的意象

人类何以共同生存？对这个问题进行科学解答我们至少要梳理清楚两个基本问题：一是人类共同生存的基础是什么，另一个则是人类以何种方式共同生存。在某种意义上，这两个问题都指征着人类对能够更好地共同生存是存在着诸多设想并付诸努力的。为了能够更好地共同生存，人类创造了仪式空间，并为仪式空间赋予了更加宏大和深远的意义或价值。在此语境下，学校仪式空间总是在规训与抗拒之间、控制和自由之间、真实与超越之间，完成权力支配下自身与社会的生产和再生产。

一、学校仪式空间乌托邦：走出幻想

从柏拉图的《理想国》到托马斯·莫尔（Thomas More）的《乌托邦》，从培根（Bacon）的《新大西洋大陆》到康帕内拉（Campanella）的《太阳城》，人们在试图将其追求的价值和实践呈现于一个理想的国家或社会之中。❶ 托马斯·莫尔关于城市的描述是："亚马乌罗提位于一个不太陡的山坡上，几成正方形。它宽达两哩左右，从近山顶处蜿蜒而下，直达阿尼德罗河。它沿河部分延伸稍微长些……"❷ "康伯内拉的'太阳城'直径为两英里，圆周七英里，城分为七个同心圆城区，以七大行星的名字命名。安德里亚的'基督城'呈正方形，城市的中间是一座宏伟的环行教堂，房屋围绕着教堂建造，层层递加，使整个城市呈同心放射状，建筑物一律为三层高，用褐色石头建造，400 个公民居住，城墙外是护城河，开阔的土地上，生长着野生动物。"❸ 综合来看，无论是乌托邦、太阳城还是基督城，这样的理想国家或社会不可能实现，至少是不可能像其被完美描述的形态付诸实现，但都毫无疑问地在用"乌托邦"来营造一种能够更好共同生存的可能。

在某种意义上，乌托邦被用来指征现实中难以实现的、空想的境遇。学校仪式空间要以完美的空间意象为基础，不管这样的空间意象距离学校乌托邦的极致之境和美好之愿是何等的遥远。

在权力化、关系化、结构化和秩序化的社会空间中，人们试图营造一种具有超越意义的想象空间。学校仪式空间就是其中的代表。学校仪式空间是社会空间的一个组成体系，但其独有的育人使命、文化底蕴和精神气质使人们总是对其寄托较高的期望。如学校仪式空间是培养人才的场所，在知识的推动下，培养出来的个体被寄予能够改变现存社会的希望；学校

---

❶ 石艳. 我们的"异托邦"：学校空间社会学研究 [M]. 南京：南京师范大学出版社，2009：316.

❷ 托马斯·莫尔. 乌托邦 [M]. 戴镏龄，译. 北京：商务印书馆，1982：52.

❸ 石艳. 我们的"异托邦"：学校空间社会学研究 [M]. 南京：南京师范大学出版社，2009：316.

仪式空间是权力和关系的节点，在思想的教化下，被寄予一种改变权力结构的想象。由此，学校仪式空间总是被营造成纯净的、进步的、具有社会发展和人的发展推动力。但是我们必须尊重并承认一个客观实在，没有空间是纯净的或自然的，学校仪式空间自然也是如此。学校仪式空间是真实和想象中的世界，权力、关系、结构、秩序和抗拒、解放、能动、希望并存。因此，学校仪式空间既是一个权力控制的场域，也是一个能动抗拒的场景。在权力控制和能动抗拒的缝隙中，人们着手为自己构建属于自身群体的世界，以营造属于自身群体的空间感。因此，学校仪式空间在不同权力主体或社会群体中形成了不同的空间意象，并按照权力主体或社会群体的价值主张和活动轨迹进行间隔，在种种间隔中我们看到了学校仪式空间不同的"异域"。正是在这些"异域"，学校仪式空间营造着自身具有的想象和真实的双重属性。简言之，学校仪式空间美好期望是一种想象中的真实，是并不真实的在场，其作为具化的权力体和关系网实指是客观实存的。

二、学校仪式空间异托邦：幻想中的真实

作为一种"异域"或"异托邦"，学校仪式空间意象是一种想象中的真实。福柯认为在一切文化或文明中，有一些真实而有效的场所是非场所，或者说，是在真实场所中被有效实现了的乌托邦，该部分就是"异托邦"。学校仪式空间自身具有的文化底蕴、精神气质和思想启蒙等，使得其实现了在真实社会空间中的"希望所在"或"美好所往"。由此可见，学校仪式空间既是真实的，同时也是想象的。

从更加广延的视角来看，学校仪式空间是矛盾重重的。一是学校仪式空间具有明显的物质形态和精神寄予，限制和影响着学校场域中主体的行为表现和客体的存在形态。二是学校仪式空间具有隔离和聚集两种控制性功能，也是空间/权力作用的着力点。隔离为了排他，聚集为了认同，在学校仪式空间排他和认同的关系中，个体实现了集聚和分离（分化）。三是学校仪式空间具有规训约制和生产改造两种基本旋律。学校仪式空间凭借权力、关系和秩序等构成一种隐蔽的规训化机制，这种机制能够持续不

断地对个体进行改造。总体来看，学校仪式空间既实施权威主体的权力强制，也留存驯顺个体的能动抗拒；既规训出驯顺的个体，也生产抗拒的"另类"；既是一个真实存在的地方，也是一个充满美好意象的境域。换言之，学校仪式空间的真实不是单一和固定的，而是多样和动态的，是一个能够随时间、空间变化而变化的。

从欧文·戈夫曼的拟剧理论来看，学校仪式空间犹如一个戏剧的舞台，它将一切顺从、反抗、和谐、冲突呈现出来。个体在舞台的言行举止、在前台和后台的种种转换、在角色和秩序之间的种种表演等，都是被需要的。

三、学校仪式空间从乌托邦到异托邦：真实的超越

从乌托邦到异托邦，表征着学校仪式空间认知的转换，也在一定程度上实现了对学校仪式空间权力支配和规训实指这一真实的意义超越。将学校仪式空间作为一种乌托邦，是为了能够在权力支配和规训实指下为自身寻找到出路和希望。没有任何思想中不存在乌托邦，乌托邦总是寄予人们对于事物和生活的最美好设想，如果没有乌托邦，个体将只是满足于或者抱怨于眼前所见的情境，如此就不可能看得更远。但单纯的乌托邦在现代社会中已经失去了它的理想化色彩，业已成为一种符号、借口或者手段。"所以，认识到学校仪式空间是一种'异托邦'式的存在，我们可以在学校仪式空间与社会空间的相互契合下，看到学校仪式空间的独特性，也是在封闭的控制领域中寻找到一种可能的出路和希望。"❶

异托邦最根本的特点就在于超越性，超越真实，超越当下，也超越自身。学校仪式空间的探寻过程实则也是一个"超越"的过程，需要在革旧立新中不断衍生和成就美好想象的过程。

---

❶ 石艳. 我们的"异托邦"：学校空间社会学研究［M］. 南京：南京师范大学出版社，2009：321.

第三节　学校仪式空间规训研究的审视

在对"空间""社会空间""作为社会空间的学校"和"学校仪式空间"等进行一番探索后，似乎又回到了问题的原点。置身于由权力、关系、结构、秩序和规则等构筑的学校仪式空间规训境域中，我们不得不对研究内容以及自我与对象之间的关系等进行反思和追问。

一、研究局限

本研究立足学校教育现实、紧扣研究问题，旨在进一步阐释谁在规训（成因）、如何规训（运作）、规训了什么（结果）、影响了什么（效力）以及如何应对（转向）等问题。但从目前所得出的结论来看，研究者都是在围绕研究问题进行"自圆自话自说"的描述现象、呈现问题和解释实质，陷入了"主观性"的旋涡，对研究资料原有意义的呈现、解读和解释是不足的，对研究合作者内心真实意图表达的激发、把握和关注也是不够的。

此外，从研究目的的可达成性、研究过程的完整性、研究方法的规范性等方面的要求来看，结论局限性具体如下：第一，研究资料的收集与研究问题的要求之间存在着契合性不强和衔接性不紧密的状况；第二，由于研究者对研究资料分析方法的运用不够娴熟，存在着对研究资料进行重复分析和过度分析的状况；第三，由于对"学校仪式空间规训"和"学校仪式空间中的规训"之间的差异性关注和理解不够，二者在整个研究中存在着互换和混用现象；第四，由于研究合作者多主体性、动态性和复杂性，在收集教育利益相关者"受影响"和"抗拒性"等材料时，暴露出"学校管理者""家长群体"研究资料不充分的局限，而且教育利益相关者中各类主体之间的有效区分和分类表达也不够精致；第五，在一定程度上，本研究的研究结论与研究问题之间前后呼应还不够强烈等。

当然，本研究中所存在的局限或不足，将会给研究者开展后续研究提供强劲动力和精确定位等。对研究中存在的局限和问题的审视和反思，不仅仅是科学研究的基本范式，还是对研究经验的理性提炼和研究过程的重新验视，是极为珍贵的研究资源。

二、研究反思

本研究基于学校教育现场，聚焦高中教育阶段，借助批判意识和智慧，依托建构主义理论，揭示和解释学校仪式空间规训境域中人的生活样态、存在方式和能动抗拒。

默顿曾指出："原则上所有的科学发现都是重复性的，包括那些表面上看来是一次性的科学发现在内。"❶ 尽管本研究在得出一些结论的同时也存在着相应的局限或不足，但这是一种常态，是任何一项科学研究都会存在和面临的必然问题，因为人及其行为都具有主观性，这是科学研究的固有特征和基本属性。但对于本研究所展现出的研究逻辑、方法选择、思想表达、观点阐释、理论建构和意义表达等，不能说是全新的或开创性的，但至少是笔者现有"研究能力和水平""学科知识话语的风格体认和范式运用"的真实反映。对笔者来说，在研究过程中所习得和掌握的研究理念、研究方法、分析技术和操作规范更有意义和价值。简言之，研究过程更重要。因为，正是在研究过程中不断地发现自我、认识自我、提升自我和超越自我，使笔者在对一个又一个迷惘的认知、把握、解读和突破中完善自我。

在整个研究过程中，笔者从"场域中的行为现象或事件活动"开始，把学校仪式空间这一问题域具化为三个研究问题；在对相关学科理论、研究文献的研读和研究资料整理、编码和分析的基础上，形成"概念筐"和绘制"概念树"，最终生成一种有机解释体系，即学校仪式空间规训观念网。对笔者而言，本研究结论或结果在一定程度上能够使研究问题进一步得以解释和回应，同时也对先前研究文献中存在的局限和存疑有了更加深

---

❶ 张宇燕. 经济发展与制度选择——对制度的经济分析［M］. 北京：中国人民大学出版社，1992：28.

入和系统的补充和追问。一定程度上扭转了福柯规训思想价值取向"一边倒"现象，实现了"学校仪式空间规训"研究视角的聚合，完成了由"学校仪式空间中的规训"向"学校仪式空间本身规训"的转化等。不可否认，任何一项社会学研究都是未完成性的，研究者将继续努力。

三、研究追问

真正教育的核心本质和根本功能是让"人成为人"并成为"他自己想成为的人"。以"人的生命"为起点、以"成为我自己"为目标，是教育存在的基点和实践的原点。在"人"的教育过程中，使人由"未完善"逐渐走向"完善"，进而追寻美好生活。但在对学校教育现场进行全面审视和深入观察之后发现，学校教育在一定程度上出现了"空场"现象。

学校教育"空场"谁之过？人在学校教育中身居何处？是发起者、执行者还是受规制者？这是需要我们进行深层思虑的关涉人性的问题。在对学校教育"空场"进行揭示、解释和建构的过程中，实则是在价值论层面的"人性化"、认识论层面的"意识化"和方法论层面的"对话式教育"三者之间建立必然联系，以探求人在学校教育中适合的生存方式和成长空间，力求教育成为精神之光，点亮"成为他自己"的前行之路。教育一旦缺少了对人性的指涉和观照、缺少了对智慧的启迪和自由的表达、缺少了对"真善美"价值层面的诠释和追问、缺少了对美好生活的向往和探寻，此在的教育也就没了根基，缺少了存在的合理性、正当性和必要性。

结语　教育因觉醒而美好

维特根斯坦曾说："洞见或透识隐藏于深处的棘手问题是艰难的……这就要求我们开始以一种新的方式去思考。"❶ 人们在对事物进行认知时，往往会从外显的、可视化的表象开始，直至触及其本质。这的确是一个复杂、艰难的过程。事实上，在整个研究过程中，有一个疑问或困惑始终困扰着我，那就是"学校仪式空间规训问题"研究有多大的意义或价值？幸运的是，通过科学、规范研究的持续深入，我发现了教育的精神、明晰了教育的何以可能、拥有了洞察教育的眼睛、探寻了教育的何以可为，使得教育因它变得更美好。

批判之后的重新出发。从学校仪式空间规训的现实场景和日常性呈现去揭示和解释学校仪式空间中被掩饰、被遮蔽或被伪装的权力关系下的受规制生存状态，这是教育研究无法回避的前提。这就需要我们引入一种教育领域中的文化事实，这种文化事实往往会成为自己批判的对象。由此看来，我们在把学校仪式空间规训作为一种文化事实进行描述和建构的时候，也是它成为我们批判对象的时候。由此看来，教育本身是需要批判的。批判并不是终极目的和彻底摧毁，而是反思和觉悟之后的重新出发。

跨越之后的积极对话。正是在权力关系和秩序结构中，我们看到了繁杂的"分化"和嬗变的"边界"，看到了人为的"分殊"和精致的"区隔"。在一定程度上，正是权力的拓植，衍生了事物中的分裂和事物间的

---

❶ 皮埃尔·布迪厄，华康德. 实践与反思——反思社会学导引［M］. 李猛，李康，译. 北京：中央编译出版社，2004：1.

断裂。这在催生多样性的同时，也为我们实现跨越界域提供了一种契机或可能。在学校仪式空间规训境域中，人被分化为支配者和被支配者、压迫者和被压迫者、中心人和边缘人等，处于被支配、被压迫的人总是进行着能动的表达和抗拒，试图改变和打破这种"不公"的权力关系和秩序规范。可见，教育需要我们跨越界域，需要我们在跨界之后尝试进行积极对话和主体重建。因此，只有跨越"理想与现实""理论与实践""学科与研究""社会与个人"以及"审视与反思"等界域，我们的教育、我们的教育研究才能立场更加坚定、视域更加宽广、价值更见深远。

介入现实的行动。事实上，教育是具有价值前设和指向的。众所周知，教育是充满神性和诗性的，有着太多的美好和寄寓，如教育是人类灵魂的教育，教育是要不断解放人、发展人和成就人的，教育的顶层设计就是要人"成为他自己"等。但这些终归只是教育的价值和理想，是一种对未来的预设和期许的应然状态，终究不是现实。价值再美好、理想再崇高，缺少了现实性，只能是乌托邦式的空想或遐想。因此，教育从理想走向现实，成了一种存在的必要。在现实世界中，通过对话式教育来完成对规训化教育的转化和洗礼，从现实"何以可为"的视角来进一步探寻教育的"何以可能"。由此看来，行动俨然成了理想介入现实的关键路径。

总之，伴随着人的能动性、实践性和意义性的日益展露和有效发挥，在人对教育现实进行揭示、质疑、批判、反思之后的觉醒行动中，教育将会变得更加美好！

参考文献

中文文献

［1］ 爱德华·霍尔．无声的语言［M］．刘建荣，译．上海：上海人民出版社，1991.

［2］ A. J. 赫舍尔．人是谁［M］．隗仁莲，安希孟，译．贵阳：贵州人民出版社，1994.

［3］ 爱弥尔·涂尔干．道德教育［M］．陈光金，沈杰，朱谐汉，译．上海：上海人民出版社，2001.

［4］ 爱弥尔·涂尔干．宗教生活的基本形式［M］．渠东，汲喆，译．上海：上海人民出版社，1999.

［5］ 艾尔·巴比（Earl Babbie）．社会研究方法基础［M］．4 版．邱泽奇，译．北京：华夏出版社，2010.

［6］ 安东尼·吉登斯．社会学［M］．5 版．李康，译．北京：北京大学出版社，2009.

［7］ 安东尼·吉登斯．社会的构成：结构化理论大纲［M］．李康，李猛，译．北京：生活·读书·新知三联书店，1998.

［8］ 安东尼·吉登斯．现代性与自我认同：现代晚期的自我与社会［M］．赵旭东，方文，译．北京：生活·读书·新知三联书店，1998.

［9］ B. A. 苏霍姆林斯基．帕夫雷什中学［M］．赵玮，王义高，蔡兴文，纪强，译．北京：教育科学出版社，1983.

［10］ 保罗·弗莱雷．被压迫者教育学［M］．修订版．顾建新，赵友华，何曙荣，译．上海：华东师范大学出版社，2014.

［11］ 鲍婷．小学阶段仪式教育研究［D］．西安：陕西师范大学，2013.

［12］ 彼得·德鲁克．德鲁克论管理［M］．何缨，康至军，译．北京：机械工业出版

社，2017.

[13] 柏拉图．文艺对话集［M］．朱光潜，译．北京：人民文学出版社，1963.

[14] 伯特兰·罗素．权力论：新社会分析［M］．吴友三，译．北京：商务印书馆，1991.

[15] 伯特兰·罗素．权力论：一个新的社会分析［M］．靳建国，译．北京：东方出版社，1988.

[16] 蔡汀，王义高，祖晶．苏霍姆林斯基选集：第4卷［M］．五卷本．北京：教育科学出版社，2001.

[17] 常亚慧．沉默的力量——学校空间中教师与国家的互动［D］．南京：南京师范大学，2007.

[18] 陈建国．"微观权力"视角下的学校身体规训——以江苏省H市Y小学为例［D］．上海：华东师范大学，2009.

[19] 陈向明．质的研究方法与社会科学研究［M］．北京：教育科学出版社，2000.

[20] 陈学东．近代科学学科规训制度的生成与演化［D］．太原：山西大学，2004.

[21] 戴军．基础教育中学生身体规训问题研究［D］．长春：东北师范大学，2006.

[22] 董长旭．"教育即规训"——福柯的教育观述评［D］．苏州：苏州大学，2015.

[23] 董培军．福柯微观权力视角下的大学生身体规训——以浙江某高校为个案的实地研究［D］．金华：浙江师范大学，2011.

[24] Edward W. Soja．第三空间——去往洛杉矶和其他真实和想象地方的旅程［M］．陆扬，译．上海：上海教育出版社，2005.

[25] 恩斯特·卡西尔．人论［M］．甘阳，译．上海：上海译文出版社，1985.

[26] 范楠楠．中小学学校仪式管理研究［D］．上海：华东师范大学，2012.

[27] 菲奥纳·鲍伊（Fiona Bowie）．宗教人类学导论［M］．金泽，何其敏，译．北京：中国人民大学出版社，2004.

[28] 费孝通．乡土中国［M］．经典珍藏版．上海：上海人民出版社，2013.

[29] 弗里德里希·奥古斯特·哈耶克．自由宪章［M］．杨玉生，冯兴元，陈茅，译．北京：中国社会科学出版社，2012.

[30] 傅霜．高校学位授予仪式的教育价值研究——以C大学学位授予仪式为例［D］．重庆：西南大学，2012.

[31] 盖奥尔格·西美尔（Georg Simmel）．社会学——关于社会化形式的研究［M］．林荣远，译．北京：华夏出版社，2002.

［32］顾明远．教育大辞典：增订合编本［Z］．上海：上海教育出版社，1998.

［33］郭于华．仪式与社会变迁［M］．北京：社会科学文献出版社，2000.

［34］韩丽冰．适应素质教育的中小学建筑空间灵活适应性研究［D］．西安：西安建筑科技大学，2007.

［35］汉语大词典编辑委员会汉语大词典编纂处．汉语大词典：第8卷、第12卷（上册）［Z］．上海：上海辞书出版社，2011.

［36］郝占国．西北地区农村寄宿制中学生活空间研究［D］．西安：西安建筑科技大学，2009.

［37］何芳．清末学堂中的身体规训［D］．上海：华东师范大学，2009.

［38］何九盈，王宁，董琨．辞源：第1册［Z］．3版．北京：商务印书馆，2018.

［39］何森林．中学课堂场域背景下学生话语权缺失探究［D］．重庆：西南大学，2008.

［40］何绣伶．班级制度文化过度规训问题研究——以四川省N中学为个案［D］．重庆：西南大学，2012.

［41］亨利·列斐伏尔．空间：社会产物与使用价值［M］//包亚明．现代性与空间的生产．上海：上海教育出版社，2003.

［42］胡春光．学校生活中的规训与抗拒［D］．武汉：华中师范大学，2007.

［43］胡迪．权力视域下的班级空间——以江苏省扬州市L小学为个案［D］．南京：南京师范大学，2012.

［44］黄济．教育哲学通论［M］．太原：山西教育出版社，1998.

［45］霍斯金（Keith W. Hoskin）．教育与学科规训制度的缘起——意想不到的转折［M］//华勒斯坦（I. Wallerstein）．学科·知识·权力．刘健芝，译．北京：生活·读书·新知三联书店，牛津大学出版社，1999.

［46］姜世丽．升旗仪式的社会学研究——以陕西省X中学为个案［D］．南京：南京师范大学，2011.

［47］金生鈜．规训与教化［M］．北京：教育科学出版社，2004.

［48］卡尔·雅斯贝斯．时代的精神状况：Man in the Modern Age［M］．王德峰，译．上海：上海译文出版社，1997.

［49］凯文·林奇．城市的意象［M］．方益萍，何晓军，译．北京：华夏出版社，2001.

［50］康德．实践理性批判［M］．韩水法，译．北京：商务印书馆，1999.

［51］克利福德·格尔茨．文化的解释［M］．韩莉，译．南京：译林出版社，1999.

［52］兰德尔·柯林斯．互动仪式链［M］．林聚任，王鹏，宋丽君，译．北京：商务印书馆，2012．

［53］栗芬．教师：规训者与被规训者［D］．桂林：广西师范大学，2008．

［54］李俊．学校空间中的社会工作［J］．学海，2012（6）．

［55］李蕾．城乡统筹背景下陕西农村学校建筑空间改造研究［D］．西安：西安建筑科技大学，2012．

［56］李娉，孙晓雨．适应新课改理念的学校空间设计研究［J］．科教导刊（电子版），2013（11）．

［57］李启波．大学仪式研究——以毕业典礼为例［D］．南京：南京师范大学，2014．

［58］李淘．仪式中的教育意蕴——湖北黄冈浠水县乡村升学宴的教育人类学解读［D］．成都：四川师范大学，2012．

［59］李万龙．学校仪式文化建设的误区与建设取向［J］．基础教育参考，2010（11）．

［60］李卫英．拓植：学校空间中的一种生存策略［J］．太原师范学院学报（社会科学版），2010（5）．

［61］李育红，杨永燕．文化独特的外现形式——仪式［J］．广西社会科学，2008（5）．

［62］黎正．国际学校与普通中小学教学空间的对比研究［D］．广州：华南理工大学，2013．

［63］李中亮．18岁成人仪式教育活动研究［D］．开封：河南大学，2007．

［64］林华．课程、文本与知识规训——中小学生的家庭作业制度研究［D］．宁波：宁波大学，2012．

［65］刘北成．本雅明思想肖像［M］．上海：上海人民出版社，1998．

［66］刘丽．毕业典礼的教育文化研究——以C校毕业典礼为例［D］．上海：华东师范大学，2007．

［67］刘任丰．学校制度的个案研究［D］．武汉：华中师范大学，2013．

［68］刘铁芳．生命与教化——现代性道德教化问题审理［D］．长沙：湖南师范大学，2003．

［69］刘云杉．教学空间的塑造［J］．教育科学研究，2004（6）．

［70］刘云杉．学校生活社会学［M］．南京：南京师范大学出版社，2000．

［71］刘云杉，吴康宁，程晓樵，等．学生课堂言语交往的社会学研究［J］．南京师范

大学学报（社会科学版），1995（4）.

[72] 鲁洁. 道德教育的当代论域 ［M］. 北京：人民出版社，2005.

[73] 鲁洁，朱小蔓. 道德教育论丛：第1卷 ［M］. 南京：南京师范大学出版社，2000.

[74] 卢梭. 爱弥儿 ［M］. 李平沤，译. 北京：商务印书馆，1978.

[75] 卢梭. 社会契约论 ［M］. 何兆武，译. 北京：商务印书馆，2003.

[76] 罗伯特·F. 墨菲. 文化与社会人类学引论 ［M］. 王卓君，吕迺基，译. 北京：商务印书馆，1991.

[77] 罗伯特·G. 欧文斯. 教育组织行为学 ［M］. 窦卫霖，温建平，王越，译. 上海：华东师范大学出版社，2001.

[78] 罗廷光. 教育概论 ［M］. 上海：世界书局，1933.

[79] 马克斯·韦伯. 非正当性的支配 ［M］. 康乐，简惠美，译. 桂林：广西师范大学出版社，2011.

[80] 马维娜. 局外生存：相遇在学校场域 ［D］. 南京：南京师范大学，2002.

[81] 马忠才. 后现代诠释学对质性研究方法论的挑战 ［J］. 西北民族研究，2010（2）.

[82] 迈克尔·W. 阿普尔. 教育能够改变社会吗？［M］. 王占魁，译. 上海：华东师范大学出版社，2014.

[83] 迈克尔·W. 阿普尔. 教育与权力 ［M］. 2版. 曲囡囡，刘明堂，译. 上海：华东师范大学出版社，2008.

[84] 曼纽尔·卡斯特尔. 网络社会的崛起 ［M］. 夏铸九，王志弘，译. 北京：社会科学文献出版社，2001.

[85] 蒙台梭利. 蒙台梭利幼儿教育科学方法 ［M］. 任代文，译. 北京：人民教育出版社，1993.

[86] 米歇尔·福柯. 规训与惩罚：修订译本 ［M］. 4版. 刘北成，杨远婴，译. 北京：生活·读书·新知三联书店，2012.

[87] 倪辉. 大学仪式的形态特点及功能：道德教育的视角 ［J］. 华东师范大学学报（教育科学版），2012（03）.

[88] 宁虹，钟亚妮. 现象学教育学探析 ［J］. 教育研究，2002（8）.

[89] 欧文·戈夫曼（Erving Goffman）. 日常生活中的自我呈现 ［M］. 冯钢，译. 北京：北京大学出版社，2008.

[90] 潘梅. 论仪式中的隐性德育——以日本现代成人礼为例 ［J］. 基础教育研究，

2010（4）.

[91] 潘跃玲. 教室空间构造的现象学研究 ［D］. 宁波：宁波大学，2013.

[92] 皮埃尔·布尔迪厄. 实践理性：关于行为理论 ［M］. 谭立德，译. 北京：生活·读书·新知三联书店，2007.

[93] P. 布尔迪厄. 国家精英——名牌大学与群体精神 ［M］. 杨亚平，译. 北京：商务印书馆，2004.

[94] 皮埃尔·布迪厄，华康德. 实践与反思——反思社会学导引 ［M］. 李猛，李康，译. 北京：中央编译出版社，2004.

[95] 平塚益德. 世界教育辞典 ［Z］. 黄德诚，夏风鸾，王宣琦，等译. 长沙：湖南教育出版社，1989.

[96] 齐美尔. 社会是如何可能的：齐美尔社会学文选 ［M］. 林荣远，编译. 桂林：广西师范大学出版社，2002.

[97] 桑志坚. 超越与规训——学校教育时间的社会学研究 ［D］. 南京：南京师范大学，2012.

[98] 邵明路. 德鲁克：管理的本质是激发善意 ［J］. 企业研究，2015（10）.

[99] 邵兴江. 学校建筑研究：教育意蕴与文化价值 ［D］. 上海：华东师范大学，2009.

[100] 史宏杰. 社会学视角下小学课堂教学中的仪式研究 ［D］. 南京：南京师范大学，2012.

[101] 石艳. 现代学校空间的知识与权力——以学校卫生学为例 ［J］. 教育学报，2010（5）.

[102] 石艳. 现代性与学校空间的生产 ［J］. 教育研究，2010（2）.

[103] 石艳. 我们的"异托邦"：学校空间社会学研究 ［M］. 南京：南京师范大学出版社，2009.

[104] 石艳，田张霞. 作为社会空间的学校——基于西方空间社会学研究的新进展 ［J］. 外国教育研究，2008（7）.

[105] 石艳. 区隔与脱域——学校空间管理的社会学分析 ［J］. 教育科学，2006（4）.

[106] 宋崔. 学校升旗仪式的人种志研究——对一所中学的田野调查 ［D］. 上海：华东师范大学，2004.

[107] 苏尚锋. 论学校空间的构成及其生产 ［J］. 教育研究，2012（2）.

[108] 苏尚锋．学校空间论［M］．北京：教育科学出版社，2012.

[109] 苏尚锋．学校空间性及其基本内涵［J］．教育学报，2007（5）.

[110] 孙洪艳．教室空间的变革初探［D］．上海：华东师范大学，2012.

[111] 孙江．"空间生产"——从马克思到当代［M］．北京：人民出版社，2008.

[112] 特伦斯·迪尔（Terrence E. Deal），艾伦·肯尼迪（Allan A. Kennedy）．企业文化——企业生活中的礼仪与仪式［M］．李原，孙健敏，译．北京：中国人民大学出版社，2008.

[113] 霍布斯．利维坦［M］．黎思复，黎廷弼，译．北京：商务印书馆，1985.

[114] 托马斯·莫尔．乌托邦［M］．戴镏龄，译．北京：商务印书馆，1982.

[115] 脱中菲，周晶．开放式学校空间环境设计与利用［J］．中国教育学刊，2011（8）.

[116] 瓦·阿·苏霍姆林斯基．给教师的建议［M］．杜殿坤，编译．北京：教育科学出版社，1984.

[117] 瓦·阿·苏霍姆林斯基．给教师的建议：上册［M］．1版．杜殿坤，译．北京：教育科学出版社，1980.

[118] 王彩霞．18岁成人仪式教育活动的现状分析及对策研究［D］．上海：华东师范大学，2008.

[119] 王桂芝．规训与反抗："违规生"的日常生活呈现［D］．南京：南京师范大学，2015.

[120] 王海英．构建象征的意义世界——学校仪式活动的社会学分析［J］．当代教育科学，2007（14）.

[121] 王娟．教室中的身体——对W校初中生身体规训的个案研究［D］．北京：首都师范大学，2008.

[122] 王坤庆．精神与教育———种教育哲学视角的当代教育反思与建构［M］．上海：上海教育出版社，2002.

[123] 王铭铭，潘忠党．象征与社会——中国民间文化的探讨［M］．天津：天津人民出版社，1997.

[124] 王蕊．小学课堂中的自由与规训问题个案研究［D］．长春：东北师范大学，2007.

[125] 王伟杰．权力的眼睛：多维视野中的班级规训［D］．上海：华东师范大学，2004.

［126］ 王雅丽．"公共参与的限度"：公约下的班级公共生活建构［D］．南京：南京师范大学，2014．

［127］ 维特根斯坦．维特根斯坦全集：第 8 卷［M］．涂纪亮，译．石家庄：河北教育出版社，2003．

［128］ 维特根斯坦．哲学研究［M］．李步楼，译．北京：商务印书馆，1996．

［129］ 温雅玲．中小学校多意空间及其适应性环境设计研究［D］．西安：西安建筑科技大学，2008．

［130］ 吴爱菊．高校校园仪式的思想政治教育功能研究［D］．武汉：华中师范大学，2015．

［131］ 吴金香．学校组织行为与管理［M］．台北：五南图书出版公司，2000．

［132］ 吴康宁．教育社会学［M］．北京：人民教育出版社，2019．

［133］ 吴康宁．课程社会学研究［M］．南京：江苏教育出版社，2004．

［134］ 吴康宁．课程社会学的研究对象［J］．上海教育科研，2002（9）．

［135］ 吴康宁．课堂教学社会学［M］．南京：南京师范大学出版社，1999．

［136］ 夏坤．小城市中小学空间布局研究——以麻城市市区中小学为例［D］．西安：西安建筑科技大学，2014．

［137］ 夏征农，陈至立．辞海：第 2 卷，第 4 卷［Z］．上海：上海辞书出版社，2009．

［138］ 夏征农，陈至立．大辞海：语词卷 5［Z］．上海：上海辞书出版社，2011．

［139］ 肖温雅．现代学校规训制度研究［D］．重庆：西南大学，2006．

［140］ 许娜．学校文化视角下的学校仪式调查［D］．天津：天津师范大学，2013．

［141］ 徐秀华．学校空间变革研究［D］．上海：华东师范大学，2006．

［142］ 薛国风．仪式与学校文化建设［J］．基础教育研究，2010（19）．

［143］ 薛艺兵．对仪式现象的人类学解释（上）［J］．广西民族研究，2003（2）．

［144］ 雅斯贝尔斯．什么是教育［M］．邹进，译．北京：生活·读书·新知三联书店，1991．

［145］ 闫利雅．学校文化的环境：空间文化建设［J］．教育科学研究，2005（8）．

［146］ 阎藏．当代我国成年仪式教育功能及其实现研究——基于对北京某中学调查的多维比较分析［D］．北京：中央民族大学，2009．

［147］ 闫旭蕾．教育中的"肉"与"灵"——身体社会学视角［D］．南京：南京师范大学，2006．

［148］ 杨涟慧．新疆城镇化进程中学校空间布局优化的研究——以吐鲁番市为例

［D］．石河子：石河子大学，2013.

［149］叶飞．学校空间中公共权力与公民权利的冲突和制衡［J］．教育发展研究，
2014（12）．

［150］叶澜．教育概论［M］．北京：人民教育出版社，2006.

［151］叶涯剑．黔灵山的历程与言说：空间重构的社会学解释［M］．北京：中国社会
科学出版社，2013.

［152］伊万·伊利奇．去学校化社会：汉英双语版［M］．吴康宁，译．北京：中国轻
工业出版社，2017.

［153］以赛亚·伯林．自由论［M］．修译版．胡传胜，译．南京：译林出版社，
2011.

［154］于鹏飞．课堂教学仪式的社会学分析［D］．曲阜：曲阜师范大学，2004.

［155］余清臣．论教学活动的仪式性［J］．中国教育学刊，2006（2）．

［156］余清臣．学校文化的载体：仪式建设［J］．教育科学研究，2005（8）．

［157］袁颖．中小学学校仪式的"形式化"倾向研究——基于学校德育的视角［D］．
重庆：西南大学，2012.

［158］袁振国．当代教育学［M］．4版．北京：教育科学出版社，2010.

［159］约翰·杜威．民主主义与教育［M］．陶志琼，译．北京：中国轻工业出版社，
2014.

［160］约翰·I.古德莱得．一个称作学校的地方［M］．修订版．苏智欣，胡玲，陈建
华，译．上海：华东师范大学出版社，2014.

［161］曾昭皓．论仪式教育与学风建设［J］．今日南国（理论创新版），2008（7）．

［162］湛卫清．人权与教育——人权视野中的教育问题探索［D］．武汉：华中师范大
学，2006.

［163］张波．宿舍规训体制与权力再生产：学生宿舍的日常生活秩序——以上海市H
大学为例［D］．上海：华东师范大学，2011.

［164］张东娇．最后的图腾——中国高中教育价值取向与学校特色发展研究［M］．北
京：教育科学出版社，2005.

［165］张丽丽．校园仪式开展的实效研究——以X小学为例［D］．重庆：西南大学，
2014.

［166］张敏．学校制度生活研究［D］．武汉：华中师范大学，2013.

［167］张熙．着力改造学校空间——兼谈学校改进的方向与转化［J］．教育科学研究，

2015（10）.

［168］张晓华．规训与自由——审视中小学的课堂常规［D］．兰州：西北师范大学，2005.

［169］张新平，褚宏启．教育管理学通论［M］．北京：高等教育出版社，2012.

［170］张艳颖．当代教育新理念下的中学建筑教育空间模式与设计探讨［D］．杭州：浙江大学，2015.

［171］张宇燕．经济发展与制度选择——对制度的经济分析［M］．北京：中国人民大学出版社，1992.

［172］赵长顺．基础教育阶段学校空间优化研究［D］．重庆：西南大学，2013.

［173］珍妮·H. 巴兰坦．教育社会学：一种系统分析法［M］．5 版．朱志勇，范晓慧，主译．南京：江苏教育出版社，2005.

［174］郑春晶．制度规约中的童年生活——对青海省某寄宿制小学课余生活的质性研究［D］．西宁：青海师范大学，2013.

［175］中共中央马克思恩格斯列宁斯大林著作编译局．马克思恩格斯选集：第 3 卷［M］．2 版．北京：人民出版社，1995.

［176］中共中央马克思恩格斯列宁斯大林著作编译局．马克思恩格斯文集：第 5 卷［M］．北京：人民出版社，2009.

［177］《中国大百科全书》总编委会．中国大百科全书：第 26 卷［Z］．2 版．北京：中国大百科全书出版社，2009.

［178］中国社会科学院语言研究所词典编辑室．现代汉语词典［Z］．7 版．北京：商务印书馆，2016.

［179］周瑶．学校中的教育仪式研究［D］．上海：上海师范大学，2012.

［180］庄西真．学校行为的社会逻辑——关系网络中的学校［D］．南京：南京师范大学，2005.

［181］周崐．新形势下的西北农村中小学校建筑计划研究［D］．西安：西安建筑科技大学，2009.

［182］朱育菡．小学阶段仪式教育研究［D］．上海：上海师范大学，2011.

英文文献

［1］BOURDIEU P. The Social Space and the Genesis of Groups［J］．Theory and Society，1985，14（6）.

［2］ DOBER R P. Campus Landscape: Founctions, Forms, Features ［M］. Manhattan: John Wiley & Sons Inc. , 2000.

［3］ DOREEN M. New Directions in Space ［M］ //Gregory, Derek, Urry, John. Social relations and spatial Structures. London: Macmillan, 1985.

［4］ GRIMES R L. Beginnings in Ritual Studies ［M］. Columbia, S. C. : University of South Carolina Press, 1995.

［5］ KAITH E B. Leibniz's Theory of Space and Time ［J］. Journal of the History of Ideas, 1960, 21 (1).

［6］ LEFEBURE H. The Production of Space ［M］. New Jersey: Wiley – Blackwell, 1991.

［7］ MCKENZIE R D. Spatial Distance and Community Organization Pattern ［J］. Social Forces, 1927, 5 (4).

［8］ MCLAREN P. Schooling as a Ritual Performance: Towards a Political Economy of Educational Symbols and Gestures ［M］. London, Boston and Henley: Routledge & Kegan Paul Books, 1986.

［9］ MCLAREN P. The Ritual Dimensions Resistance: Clowning and Symbolic Inversion ［J］. The Journal of Education, 1985, 167 (2).

［10］ MERTON R K. Social Theory and Social Structure ［M］. New York: Free Press, 1968.

［11］ WOODS P. Sociology and the School: an Interactionist Viewpoint ［M］. London: Routledge & Kegan Paul, 1983: 85 – 92.

附件1 研究个案 W 中学概况简介

一、基本情况

W 中学是一所省级示范性普通高中，系 A 省 F 市直属的全额拨款公办寄宿制学校，副县级建制。W 中学位于 F 市经济技术开发区，占地面积 303 亩，是一所教学设施完善、硬件设备一流的高标准、现代化学校。其前身系 F 市一中的东校区，2002 年立项，2003 年开工建设，2004 年秋季学期开始招生，2005 年 7 月投入使用，整个校园前期建设投入资金人民币 1.27 亿元。2011 年 8 月，经由 F 市市委常委会议研究决定，更名为 F 市 W 中学。2013 年 6 月，W 中学被评为 A 省省级示范性普通高中。

W 中学是 F 市教育局直属的三所普通高中学校之一，在城区（三个区）普通高中学校阵营中属于第一梯队（第一梯队有三所学校），但影响力明显要低于前两位。由于学校建校时间相对较短，教师年轻化、教龄短和经验不足等问题较为突出；生源主要是 F 市所辖城区的乡镇和农村学生，只有一小部分是主城区的学生。

二、地理位置

F 市位于 A 省的西北部，正从农业大市向工业大市转型，全市常住人口截至 2023 年底有 814.1 万人（来自 F 市政府网），2023 年全市实现生产总值 3323.7 亿元。而 F 市经济技术开发区为省级开发区，位于 F 市城区东南部，离市中心相对较远，多条公交线路可抵达全城。正是基于加快和带动经济技术开发区发展、拉大城区发展框架和优化教育均衡布局等目的和需求，2002年F市委常委会决定建立F市一中东校区（系W中学前身）。

W中学位于F市经济技术开发区主干道，毗邻F市经济技术开发区管委会。在学校大门左侧就有多路公交车调度场站，可直接抵达城区，交通较为便利。由于W中学是寄宿制学校，距离市中心又相对较远，所以学校周边餐饮、购物、娱乐、休闲等场所相对较少。

三、民族状况

F市位于A省西北部，常住人口以汉族为主，少数民族有回族、满族等，但人数相对较少。在W中学5000余名师生中，少数民族人口只有23人，其中教师2人，学生21人，都是回族。

四、管理架构

W中学作为一所省级示范性普通高中学校，在管理架构或运作方式方面是集权式的，科层制特征较为明显，形成了"校长—副校长—科处室负责人/年级组长—科处室副负责人/年级副组长—教研组长—班主任/备课组长—学生/一线教师—临时聘用人员"的层级链条。具体情况如下（见图F-1）。

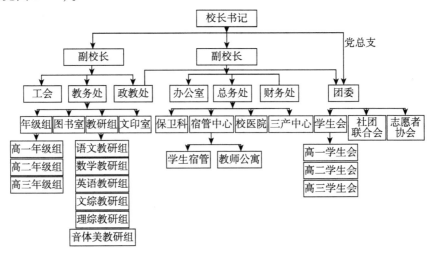

图 F-1　W中学组织管理架构示意

五、领导风格

在一定意义上，领导风格就是影响他人达到预期目的的能力，可以通过一个简单公式进行表达：领导风格 = 尊重 × 信任。根据勒温（民主、专制、放任型）、伯恩斯（变革型）和巴斯（变革型、交易型）等相关专家与学者对领导风格的界定和解释，从本研究个案 W 中学目前管理机制和发展现状来看，学校领导者领导风格基本处于"守成"的角色，学校发展中规中矩、按部就班，近年来少有大的改革举动，变革创新精神不足；在工作安排、任务分工和奖惩考核等过程中存在着不同程度的实利性色彩。

附件2 《学校仪式空间规训研究——以 W 中学为个案》访谈提纲

尊敬的＿＿＿＿＿＿＿（学校管理者/教师/同学/家长/督学）：

您好！

首先感谢您接受访谈。我是北京师范大学的博士研究生，正在做"学校仪式空间规训"方面的研究。该研究是为了了解学校仪式空间规训的现状、成因、运作方式及影响。根据研究需要，需要了解您对学校仪式空间规训的相关认识和看法。本研究将严格遵守研究伦理基本要求，秉承自愿参与原则，您可以随时终止和退出研究。同时对您个人身份信息和所提供资料进行严格保密和隐匿处理，在使用您提供的资料时将会事先征求您的同意等。

再次感谢您的支持和参与！

2016 年 7 月

学校管理者访谈提纲：

1. 请问贵校近年来开展了哪些仪式类活动？为什么要举办这些仪式活动？您对仪式活动进行划分的依据是什么？这样的仪式活动布局和结构设置有什么深层的意义吗？

2. 目前，贵校关于"学生培养"方面的仪式活动方案机制和体制是什么？有哪些具体的措施和手段？学生对这样的仪式活动编排有什么样的态度和反应？为什么会有这样的态度和反应？

3. 学校仪式教育活动有哪些特色？在仪式活动中，教师和学生处于什么样的位置？其表现、参与的广度和深度如何？

4. 您在参与或出席这些仪式活动时，通常都会穿什么样的衣服？站在什么位置？您旁边都有谁？仪式活动期间有交谈吗？都谈些什么？

5. 贵校在开展仪式活动时，家长参与状况如何？家长主要参与哪些方面的仪式活动？为什么会是这样的？

6. 作为一所学校的管理者，您对学校在仪式方面的管理满意吗？为什么？学校打算下一步如何做？

7. 在"上级政府—学校—教师—学生—家长"这一组关系中，您在学校仪式活动中居于何种地位或担负着什么样的角色？为什么？

教师访谈提纲：

1. 作为一位教育工作者，您参与过学校的哪些仪式活动？您觉得现在的学校仪式活动编排和过去相比有什么不同？您为什么会这样认为？

2. 在现有的学校仪式教育情境下，教师是处于一种什么样的地位或扮演着什么角色？为什么？

3. 您觉得目前学校仪式活动效果如何？为什么？有什么好的意见和建议吗？

4. 在您的班上或课上，是否围绕"学校仪式活动"向学生提过要求？为什么？如果他们没有按照要求做，您通常会怎么办？

5. 在学校的仪式活动中，主角是谁？教师和学生的地位是否平等？能否举例加以说明？为什么？

学生访谈提纲：

1. 进入学校以来，您参加过哪些仪式活动？这些仪式活动留给你最深刻的印象是什么？为什么？能否举例说明？

2. 学校每学期都会举行很多仪式活动吗？学校为什么要举行这些仪式活动？

3. 在学校仪式活动之前，学校或老师会对学生有要求吗？都是哪些方面的要求？为什么会有这样的要求？

4. 在学校仪式活动中，您处于什么样的地位或扮演着什么角色？为什么？学校举行的仪式活动和您期望的一致吗？为什么？

5. 当学校的仪式要求和您的实际需求有冲突时，您会怎么办？您会抗拒吗？具体方式有哪些？结果是怎样的？

6. 学校开展仪式活动是否对您产生了影响？能否举例加以说明？

7. 您会主动参与学校的仪式活动吗？您参与学校仪式活动的原因是什么？在仪式活动期间，您通常会怎么做？为什么会这样？

8. 在仪式活动进行期间，您的真实想法是什么？是您个人还是周围的同学都有这样的想法？为什么？

9. 您是否向家人、朋友介绍过学校仪式活动的开展情况？为什么？

10. 基于学校仪式活动开展现状，您觉得仪式活动效果如何？为什么？您有什么意见或建议？

学生家长访谈提纲：

1. 您了解"孩子就读学校"（以下简称"学校"）开展仪式教育活动的相关情况吗？您参与过学校的哪些仪式活动？为什么这些仪式活动会需要您参加？

2. 您支持孩子参与这些仪式活动吗？为什么？

3. 您参与学校仪式活动的原因是什么？为什么？

4. 在学校开展仪式活动之前，学校会主动邀请您参加吗？是谁向您发出邀请？邀请的方式是什么？您在仪式活动现场的座次如何？

5. 在学校仪式活动期间，您扮演着什么样的角色？为什么？

6. 您对学校仪式活动开展现状满意吗？为什么？有什么意见或建议吗？

督学访谈提纲：

1. 您了解督导片区学校开展仪式活动的状况吗？您参与过哪些仪式活动？以什么样的身份参与？有何感受？

2. 请问您对学校开展仪式活动持有什么样的态度？为什么？

3. 从教育督导的角度来说，学校仪式是您督导或视导的内容吗？为什么？

4. 从督学身份的角度来说，您曾经围绕"学校仪式"主题对片区学校提出过相关要求或改进意见吗？

5. 结合您目前对学校仪式的认识，您对学校开展"仪式活动"有哪些意见或建议？

后　记

在紧张、充实、不安和期待之中，我总算完成了《学校仪式空间规训研究》的写作和修改。不可否认，在一定意义上，写作过程是思想自由表达的过程。在写作过程中，我的思想更加净化、体认更加丰富、视域更加开阔、研判更加科学，在精神洗礼、智慧启迪、理论充实和能力提升的过程中实现了理解自我、发展自我和超越自我。雅斯贝尔斯曾说过，"对教育本质而言，寻找真理比掌握真理更有意义"。在这种语境下，寻找教育真理的过程就是教育的价值，自然也是教育人的价值。我深知，现在离发现教育真理还有很长的距离，但至少我已经在努力的路上。寻找教育真理，就从写作开始……

教育总是寄托着人类永恒的梦想和希望，也是推动社会发展和人的发展极为重要的力量和工具。但在权力化的社会互动情境中，在现实养成"驯顺人"或"秩序人"的各种力量中，学校仪式空间规训则是推动个体深陷规训深渊和秩序藩篱的主要工具。那么，如何应对和解决学校仪式空间规训带来的不足也就成为一个学校教育改革发展必须正视并亟待解决的重要问题。当我们开始思考并倾向于解决学校仪式空间规训问题时，思考便与其他精神行为明显地区分开来，这时的思考也成了"反思"。反思是为了更美好的向往和更高阶的发展，最终指向的是"改造性的教育实践"。通过反思，建构应对学校仪式空间规训的实践行为。这正是本研究的目的，也是研究的价值所在。

本书从立意、构思、写作、完稿直至修改出版，一直得到我的导师苏君阳教授的指导和鼓励。苏老师儒雅、睿智、仁厚，治学严谨、思维敏捷、思辨深邃，其在学术研究领域中坚韧执着的信念和精益求精的精神，始终深深地感染、鼓舞和激励着我不断前行，尤其是苏老师富有启迪性的理论思辨性和知识生成性，总能让我豁然开朗、绝境逢生，受益匪浅。在学习路上能有幸遇见苏老师并承蒙其谆谆教诲和悉心指导，我荣幸之至并会加倍珍惜。苏老师的思想智慧和学术风骨已经深深融入我的生命之中，将成为我生命中永远的明灯，人生前进路上的旗帜。

感谢朱志勇教授、赵德成教授，是他们接纳我并引领我步入教育社会学领域，也是这本书写作的根本源头。两位老师始终倡导研读经典，强调理论与实践的对话，讲求学术研究的逻辑性、生成性和规范性，对本书写作产生了巨大影响。同时，我还要感谢楚江亭教授、朱旭东教授、毛亚庆教授、余凯教授、马健生教授、张东娇教授、张新平教授、程晋宽教授、蔡永红教授、谷贤林教授、李琦教授、窦桂梅校长、褚宏启教授、程凤春教授、李家永教授、徐志勇教授等诸多老师对我的精心指导和亲切关怀。

感谢我的父母和妻子等家人对我的莫大信任和鼎力支持。正是他们的默默付出，义无反顾地支撑起家庭重担，才使我没有了后顾之忧，能够顺利完成写作。对此，我深感愧疚和自责。

本书得以出版要特别感谢知识产权出版社的贺小霞老师，是她的辛勤付出，才使得本书终能付梓，感谢她的支持和帮助。

尽管探寻教育真理和践行教育真谛的道路幽远漫长、荆棘丛生，但我依然会风雨兼程、砥砺前行，做一位有"梦想"并竭力追梦的教育人。言表于此，北宋理学家张载的豪迈壮语忽然涌现在我的心头：

为天地立心，为生民立命，为往圣继绝学，为万世开太平。

王敬杰

2023 年 6 月 25 日